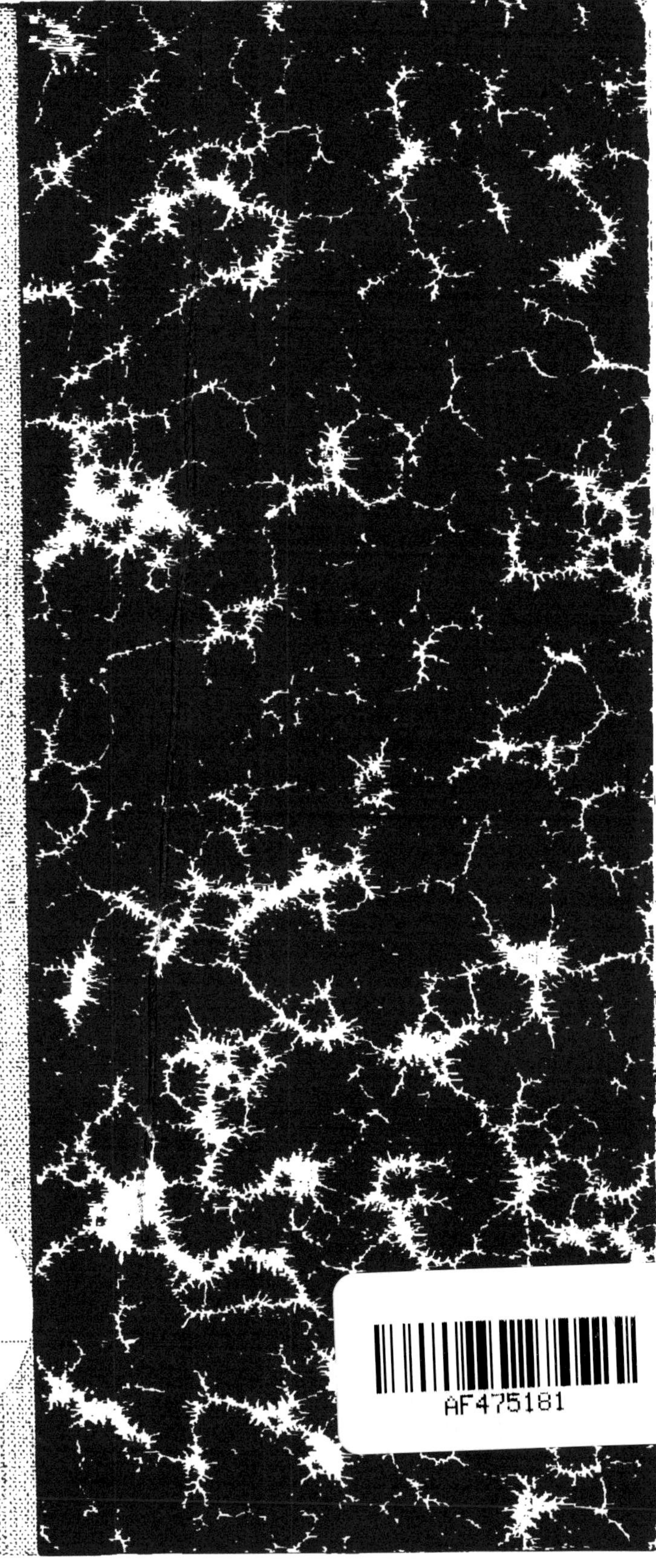

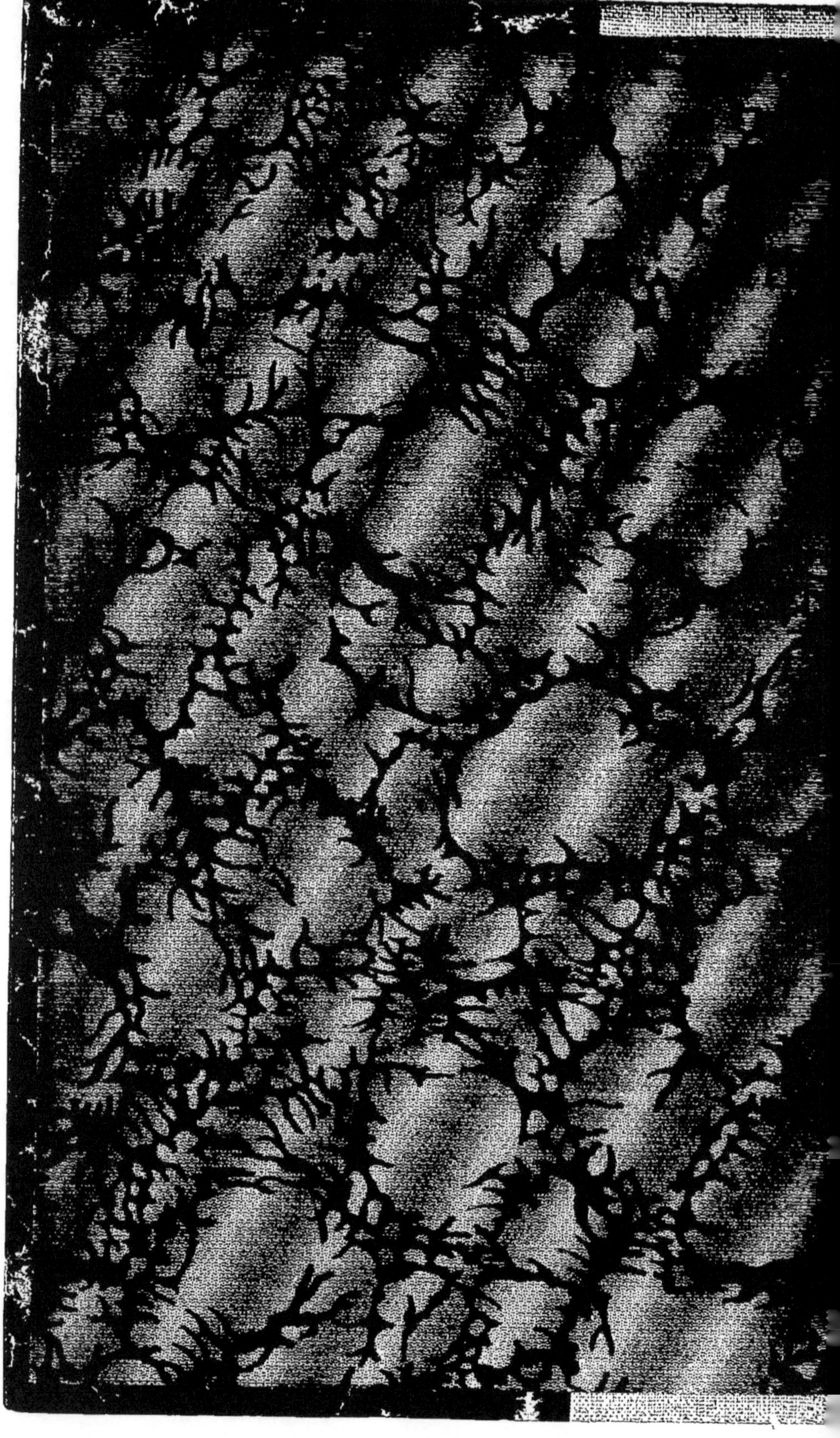

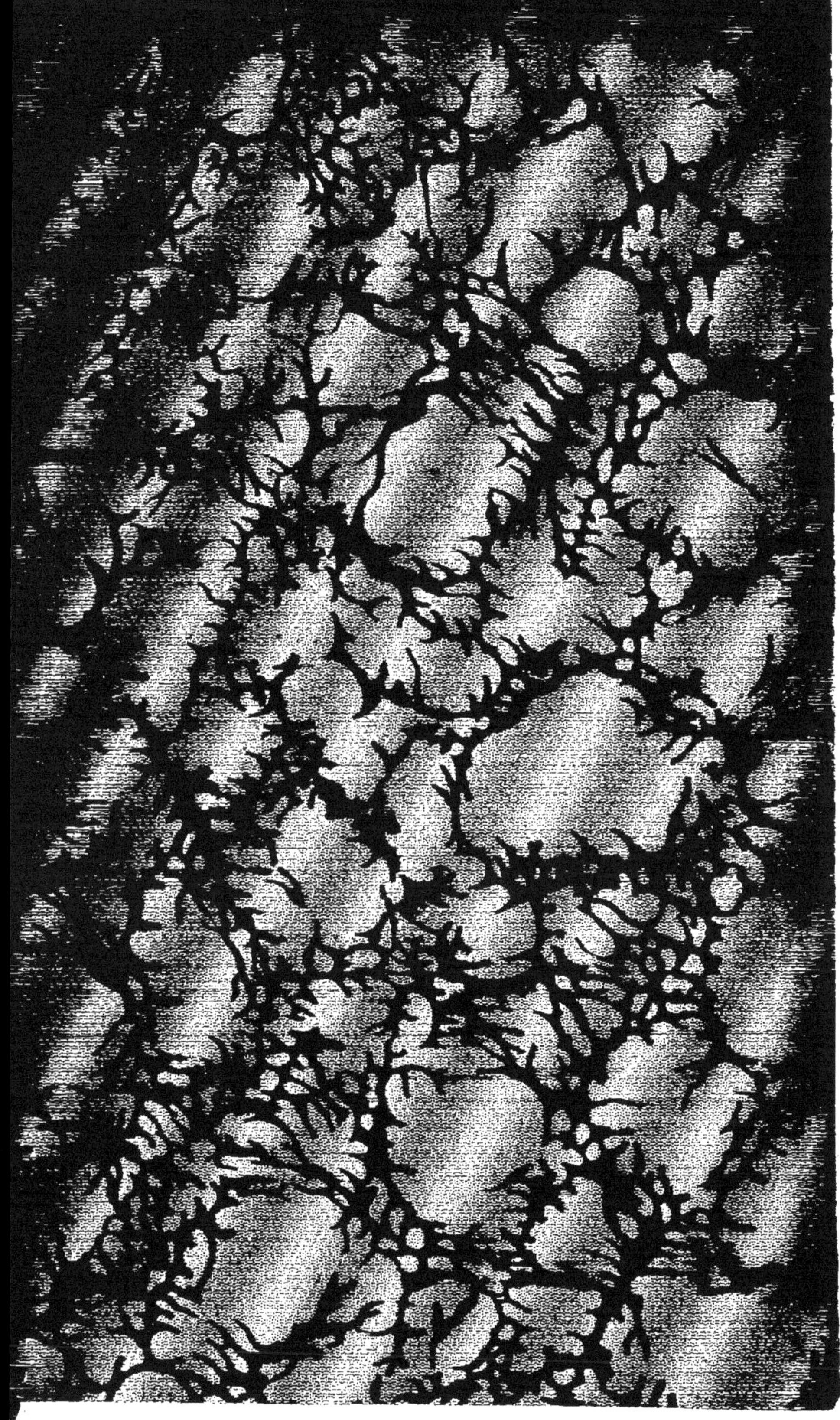

BIOGRAPHIES NATIONALES

DUGUAY-TROUIN

PAR

ADOLPHE BADIN

PARIS
LIBRAIRIE HACHETTE ET Cie
79, BOULEVARD SAINT-GERMAIN, 79

DUGUAY-TROUIN

DU MÊME AUTEUR

Jean Bart ; 5e édition, un vol. 1 fr. 25

Coulommiers. — Imp. P. Brodard et Gallois

LES MARINS ILLUSTRES

DUGUAY-TROUIN

PAR

ADOLPHE BADIN

SIXIÈME ÉDITION

Avec 5 gravures et 1 carte.

PARIS

LIBRAIRIE HACHETTE ET Cie

79, BOULEVARD SAINT-GERMAIN, 79

1885

DUGUAY-TROUIN.

CHAPITRE I.

SOMMAIRE. — Naissance de Duguay-Trouin à Saint-Malo. — Sa famille. — On l'envoie à Rennes, au collége : il est tonsuré et prend la soutane. — Mort de son père. — Il va faire sa philosophie à Caen. — Il tombe dans le désordre. — Son frère aîné le fait rappeler à Saint-Malo. — On l'embarque comme volontaire. — Sa première campagne sur *la Trinité*. — Sa deuxième campagne sur *le Grenedan*. — On lui confie le commandement d'un petit bâtiment (1673—1691).

La ville de Saint-Malo, bâtie sur un rocher entouré par la mer, est, par excellence, la ville des hardis marins.

Elle compte parmi les plus glorieux de ses enfants :

Jacques Cartier, le Christophe Colomb du golfe Saint-Laurent et du Canada;

Mahé de la Bourdonnais, le héros de Madras et de Mahé, le rival de Dupleix, le vainqueur des Anglais aux Indes orientales, et dont le nom a été popularisé par le roman de Paul et Virginie;

Robert Surcouf, l'intrépide corsaire;

Duguay-Trouin enfin, le plus célèbre de tous; Duguay-Trouin, l'éternel honneur de la cité malouine; Duguay-Trouin, le plus populaire des marins français, après Jean Bart[1].

Duguay-Trouin naquit à Saint-Malo, le 10 juin 1673.

On a remarqué que le moment où Duguay-Trouin vint au monde fut signalé par trois grandes victoires navales remportées par les flottes alliées franco anglaises, commandées par le comte d'Estrée et Tourville, sur la flotte hollandaise commandée par Tromp et Ruyter, les 7, 14 et 21 juin 1673. Le futur vainqueur de Rio de Janeiro ne devait pas faire mentir cet augure.

On montre encore à Saint-Malo la maison où le héros est né, dit-on. C'est une haute et vieille maison en bois, d'un aspect assez bizarre : elle est ornée de vitraux et de fenêtres en ogive et porte sur une petite planchette cette inscription : *Ici est né Duguay-Trouin*[2].

1. On doit citer encore parmi les autres illustres enfants de Saint-Malo : Châteaubriant, le médecin Broussais, l'abbé de Lamennais, qu'il suffit de nommer; André Desille, célèbre par sa mort héroïque; Porçon de la Barbinais, le Régulus malouin, et bon nombre de vaillants marins. Peu de villes peuvent se flatter d'avoir été plus fécondes en grands hommes que celle de Saint-Malo.

2. Cette maison est située rue Jean de Chatillon, non loin du château de Saint-Malo.

Maison où est né Duguay-Trouin.

La famille Trouin était avant tout une famille de marins.

Le père de notre héros, Luc Trouin, sieur de la Barbinais, né en 1640, était à la fois capitaine de vaisseau et armateur.

Pendant la dernière période de la guerre qui se termina par le traité de Nimègue, il commanda une frégate armée en course, nommée la *Vierge sans macule.*

Pendant la paix, il équipa sa frégate pour le commerce et reprit la mer avec elle.

Plus tard il joignit à la *Vierge sans macule* un autre bâtiment appelé les *Trois-Maries.*

Ses relations commerciales le conduisaient surtout aux ports d'Espagne : elles lui valurent la renommée d'un homme très-brave et très-habile, en même temps qu'une fortune assez considérable.

Ce n'est qu'en 1682 qu'il cessa de commander lui-même ses navires, pour se borner au rôle d'armateur.

Il mourut en 1688, à l'âge de quarante-huit ans, contrairement à l'assertion d'un historien qui lui fait commander un corsaire en 1693.

Il avait épousé, le 8 juin 1665, Marguerite Boscher, qui lui avait donné sept enfants.

L'aîné de ces enfants, Luc Trouin, né en 1666, prit le nom de son père et lui succéda dans sa maison de commerce. Nous aurons souvent occasion d'en parler dans le cours de cette histoire : car c'est lui qui fera presque toujours les frais de l'armement des vaisseaux que son illustre frère se chargera de mener à la victoire.

Charlotte Trouin, née en 1668, s'occupa de soigner la première enfance de son frère René, plus jeune qu'elle de cinq ans. Elle avait beaucoup d'affection pour lui et conserva toujours un grand empire sur toutes ses actions. Femme de tête d'ailleurs, elle seconda aussi sa mère et son frère aîné dans la direction de la maison commerciale, après la mort du chef de la famille ; et même après qu'elle eut épousé, le 10 mars 1697, Pierre Jazier, sieur de la Garde, conseiller du roi, elle resta toujours intéressée dans les affaires de la maison la Barbinais-Trouin.

Rodolphe Trouin mourut en bas âge ;

Jeanne Trouin également.

René Trouin, notre héros, vint ensuite. Il eut pour parrain le frère aîné de son père, René Trouin, conseiller du roi et consul de France à Malaga[1]. Ondoyé d'abord, en l'absence de son parrain, retenu en Espagne, il fut baptisé le 13 août suivant, ainsi qu'en font foi deux pièces conservées à l'état civil de Saint-Malo[2].

1. Ce consulat était dans la famille Trouin depuis plus de deux cents ans. C'était le fils aîné qui en était titulaire. Lorsque René Trouin, oncle et parrain de notre héros, mourut, en 1687, sans postérité, le consulat passa à l'aîné de ses neveux, à Luc Trouin, qui le conserva jusqu'en 1688, époque où la déclaration de guerre entre l'Espagne et la France le força de quitter précipitamment son poste.

2. Voici ces deux pièces, relevées sur le registre des naissances (1673-74) à l'état civil de Saint-Malo :

« Ce jour 10e de juin 1673, il a esté baptisé par moy souss.,

Étienne Trouin naquit en 1677 : nous le verrons mourir à dix-neuf ans et demi, après avoir déployé une valeur héroïque sous les ordres de son frère René.

Nicolas Trouin, enfin, le dernier des sept enfants, aura le même sort glorieux que son frère Étienne, après avoir montré le même héroïsme.

Revenons maintenant à Duguay-Trouin.

Le futur vainqueur de Rio de Janeiro fut mis en nourrice au village du Gué, proche la Barbinais, où la famille Trouin possédait une habitation : c'est de ce village que, suivant un usage très-répandu autrefois en Bretagne et qui remonte au onzième siècle, il prit plus tard le nom de Dugué ou Duguay-Trouin[1].

chanoine et vicaire perpétuel de Saint-Malo, un fils de Luc Troüin, s^r de la Barbinays, et de Marguerite Bauchet, sa femme, et ce par permission des supérieurs, en p̄c̄e de Janne Troüin, d^elle du Pré qui a signé. L. Desnos baptisavi ch. et vic. p̄p̄. de Saint-Malo, Luc Trouin, Janne Troüin.

« René Troüin, fils de Luc Troüin, s^r de la Barbinays, et de Margueritte Boscher, sa femme, fut baptisé le 10e de juin dernier comme il se voit par ce papier, folio verso 49, et à ce jour 13e août 1673, reçut les s^es onctions et autres cérémonies du baptême par M. Alain Escot pre subcuré, et fut parrain le s. René Trouin, cons^er du Roy et son consul en Espagne, et maraine Janne Boscher, d^elle de la Maisonneuve qui ont signé. Janne Boscher, René Trouin, Luc Trouin, Margueritte Boscher, A. Escot, subc. »

1. Il signa d'abord René Trouin, capitaine de corsaire ; en 1694, il signa Dugué-Trouin , plus tard enfin Duguay-Trouin. Ses lettres de noblesse portent René Trouin, sieur du Guay, et pour son frère aîné, Luc Trouin, sieur de la Barbinais. On avait, à cette époque, l'habitude de mettre le nom de terre avant le nom patronymique.

Aussitôt qu'il fut en âge, on l'envoya au collége de Rennes : il y fut tonsuré et prit la soutane.

En effet, son père, se voyant à la tête d'une famille nombreuse, voulut faire suivre au jeune René la carrière ecclésiastique : il espérait lui obtenir dans la suite quelque bon bénéfice, par le crédit de l'évêque de Malaga, frère naturel du roi d'Espagne Philippe IV, qui aimait et protégeait la famille Trouin.

Mais le ciel en disposa différemment : d'ailleurs, le tempérament bouillant du futur corsaire se fût mal accommodé de la vie calme et tranquille d'un riche prébendaire.

Le 9 mars 1688, son père mourut.

René avait alors quinze ans, il achevait sa rhétorique à Rennes. Sa mère l'envoya étudier la philosophie à Caen.

Là notre héros commença à négliger ses études pour la danse, le jeu, la paume et les armes.

L'escrime surtout le passionna. Très-agile et parfaitement constitué pour les exercices du corps, il ne tarda pas à acquérir une habileté remarquable dans cet art, pour lequel du reste il devait toujours conserver un goût très-prononcé.

Ces exercices ne contribuèrent pas peu à développer son caractère hardi et intrépide, qui bientôt devait décider de sa carrière, mais qui, de prime abord, faillit lui devenir funeste.

En effet, nous le voyons bientôt provoquer, l'épée à la main, au milieu même des rues de Caen, ses amis, ses camarades et même des professeurs d'escrime ou académistes, comme on les appelait alors.

Il ne se tire des mains des académistes que pour tomber dans celles de gens de mauvaise compagnie, de joueurs peu scrupuleux et d'oisifs débauchés.

Laissant alors complétement de côté ses études, il se livre tout entier au désordre, suit à Rouen ses compagnons de plaisir; puis, dans un moment de gêne qui lui fait faire des réflexions, il revient à Caen, qu'il quitte bientôt, dès qu'il a reçu quelque argent de sa famille.

Cette fois, il se rendit à Paris, qu'il était extrêmement curieux de connaître. Mais, par un hasard assez extraordinaire, il arriva qu'à peine était-il entré, pour se refaire un peu, dans une auberge située rue de Richelieu, qu'un laquais vint demander deux bouteilles de vin de Bourgogne pour M. Trouin de la Barbinais. Étonné d'entendre ce nom, notre héros interroge adroitement le laquais et apprend qu'il s'agit bien de son frère, que la déclaration de la guerre avec l'Espagne a obligé de quitter précipitamment son consulat, et qui est descendu dans un hôtel du voisinage. Aussitôt, sans prendre le temps d'achever son repas, il se hâte de quitter l'hôtel, sort de Paris sans avoir satisfait sa curiosité et revient à Caen plus diligemment qu'il n'en était parti, s'imaginant voir à tous moments son frère à ses trousses.

Quinze jours après, Trouin de la Barbinais, en

passant par Caen pour aller à Saint Malo, s'informa de la conduite que menait le jeune étudiant, apprit la vérité, et bientôt celui-ci, rappelé en toute hâte par sa mère, rentra dans la maison paternelle.

A ce moment (1689), la guerre était générale. Le prince d'Orange, devenu roi d'Angleterre sous le nom de Guillaume III, avait formé contre Louis XIV la ligne d'Augsbourg à laquelle toutes les puissances de l'Europe, le seul Danemark excepté, s'étaient successivement rattachées.

La France, puissante encore et redoutée, sortie triomphante, grâce surtout à l'immortel Duquesne, de son duel avec la formidable marine hollandaise, si vaillamment commandée par Ruyter, Tromp et Banker, la France faisait fièrement face de tous les côtés.

La magnifique marine, léguée par Colbert à son fils Seignelay, n'avait pas de rivale. Ce fut son bon temps.

Pendant que le comte de Chateaurenaud, avec l'escadre de Brest, et Tourville, avec celle de Toulon, commandaient des expéditions et livraient des batailles navales aux flottes alliées d'Angleterre et de Hollande, de tous côtés nos corsaires couraient les mers et faisaient éprouver d'immenses pertes au commerce ennemi. Les Jean Bart, les Forbin, les Nesmond, les Cassart rivalisaient d'audace et de génie guerrier.

Mais dans ce soulèvement patriotique les intrépides Malouïns qui disaient naguère, au temps de Ruyter, en apercevant des voiles ennemies à l'horizon : « Si ces vaisseaux sont anglais, nous les bat« trons; s'ils sont hollandais, nous nous battrons; » les Malouins ne devaient pas rester en arrière. Dès le commencement de la guerre, quarante-huit corsaires sortirent du port de Saint-Malo, sans compter trente bâtiments armés en guerre et en marchandises expédiés pour les colonies.

Parmi ces quarante-huit corsaires se trouvait la *Trinité*, vaisseau de 180 tonneaux et de 18 canons, monté par 128 hommes d'équipage sous le commandement du capitaine Étienne Piednoir.

La mère de notre héros fit embarquer sur la *Trinité*, dans laquelle la maison la Barbinais-Trouin avait un fort intérêt, l'étudiant dissipé de Caen, en qualité de volontaire.

La *Trinité* appareilla le 13 novembre 1689.

Cette première campagne devait être rude pour le futur corsaire, alors âgé de seize ans et demi. La mer fut tellement mauvaise que le mal de mer ne lui laissa pas un instant de répit jusqu'à son retour à Saint-Malo.

L'année suivante, après plusieurs sorties assez heureuses, la *Trinité* désarma; puis quelque temps après elle reprit la mer sous le capitaine François Fossart, sieur Desmarets.

Le 7 novembre 1690, la *Trinité* revenait à Saint-Malo avec un bâtiment de Londres, nommé les *Trois-Amis*, qu'elle avait amariné, lorsqu'une affreuse tempête l'assaillit et la mit en grand danger de périr au milieu des écueils qui défendent l'entrée du port. Elle s'en tira, mais non sans peine, grâce à un changement de vent inattendu, et fit son entrée le 9 novembre dans le port avec sa prise, sauvée également du naufrage par l'habileté du lieutenent Charles Lesné.

Peu après, elle remit encore à la mer et fit quatre nouvelles prises anglaises.

Enfin, le 16 décembre de cette même année, la *Trinité*, ayant rencontré un corsaire flessinguois de 18 canons, nommé la *Concorde*, l'aborda vivement après deux heures de canonnade et l'enleva malgré sa résistance. Le jeune Trouin prit une part glorieuse dans cette affaire importante, qui avait duré trois heures, et fit preuve d'un grand courage.

Au milieu de la mêlée, il allait s'élancer, l'épée à la main, sur le pont de la *Concorde*,quand le maître d'équipage de la *Trinité*, nommé Jean Desmoulins, ayant voulu sauter le premier à bord du corsaire, tomba si malheurensement entre les deux vaisseaux que ceux-ci, en se rejoignant, le broyèrent sous les yeux du jeune volontaire. Une partie de la cervelle du pauvre maître d'équipage rejaillit même jusque sur les habits de notre héros, que ce hideux spectacle glaça d'horreur, « d'autant plus, » disait-il en racontant cet épisode, « que n'ayant pas le pied « marin, je crus qu'il me serait difficile d'éviter un « genre de mort aussi effrayant. »

« Cependant, » ajoutait il, « on trouva que pour « un novice, j'avais montré assez de fermeté. »

Mal de mer, tempête, sanglant abordage, rien n'avait manqué à l'apprentissage du jeune René Trouin. Un pareil début eût sans doute rebuté une âme moins intrépide: mais ce fut l'effet contraire qu'il produisit sur la sienne.

Plus décidé que jamais à poursuivre sa glorieuse carrière, il demanda lui-même, l'année suivante, à remonter comme volontaire sur le *Grenedan*, bâtiment de 300 tonneaux, armé en course par la maison La Barbinais-Trouin et la maison Danycan de l'Epine.

Le *Grenedan* avait 205 hommes à bord et 18 canons; il était commandé par le capitaine Legoux, sieur de la Fontaine.

Le *Grenedan* partit de Saint-Malo le 18 juin 1691 et fit voile pour les côtes d'Angleterre.

Le 21 août, par le travers de la baie de Bantry, il rencontra quinze vaisseaux marchands anglais, qui portaient depuis 14 jusqu'à 28 canons.

Le capitaine Legoux et son conseil hésitaient à prendre l'offensive, mais, sur les instances du jeune volontaire, à qui sa parenté avec les négociants armateurs du *Grenedan* donnait un certain crédit, on résolut d'aborder le vaisseau commandant anglais, le *François-Samuel*, monté à vingt-huit canons.

Duguay-Trouin s'élance le premier sur le vaisseau ennemi, essuie le feu du pistolet du capitaine anglais, l'abat lui-même à ses pieds d'un coup de sabre et le fait prisonnier. La reste de l'équipage, terrifié, ne tarde pas à subir le sort de son capitaine.

Sans perdre un moment, Duguay-Trouin, avec les vaillants matelots qui l'ont suivi, repasse sur le *Grenedan* qui gouverne droit sur un second vaisseau anglais, le vice-amiral l'*Europe*, de 24 canons, et l'aborde.

Ce deuxième abordage fut si furieux que, dans la mêlée, notre héros tomba à la mer avec un autre volontaire ; par bonheur il put saisir une manœuvre et s'y cramponna si bien qu'on eut le temps d'aller à son secours : deux matelots le repêchèrent par les pieds et le tirèrent à bord du *Grenedan*.

A peine remis de cette épouvantable chute et tout trempé d'eau encore, l'intrépide jeune homme s'élance de nouveau sur le bâtiment anglais et contribue à sa défaite.

Mais ces deux victoires ne lui suffisent pas et bientôt un troisième vaisseau, le contre-amiral *les Sept-étoiles*, d'Écosse, monté à 24 canons, partage le sort des deux premiers.

Quelques jours après *le Grenedan*, escorté de ses trois prises (et sans la nuit qui survint, quelques autres vaisseaux marchands eussent été pris encore), entrait triomphalement dans le port de Saint-Malo.

En apprenant l'héroïque valeur montrée par notre héros dans cette glorieuse et fructueuse campagne, sa famille jugea qu'elle pouvait lui confier un petit commandement.

Le capitaine Duguay-Trouin avait fini son apprentissage; il n'était encore âgé que de dix-huit ans.

CHAPITRE II.

SOMMAIRE. — Le premier bâtiment du capitaine René Trouin. — Première croisière sur les côtes d'Irlande. — Le *Coëtquen*. — *Le Profond*. — Campagne de Duguay-Trouin sur les côtes de Portugal : fâcheuse aventure qui lui arrive à Lisbonne. — *L'Hercule*; défaite et prise de deux vaisseaux de guerre anglais. — *La Diligente*; Duguay-Trouin est fait prisonnier, après une résistance héroïque, par six vaisseaux de guerre anglais. — Il s'évade de Plymouth (1691 à 1694).

Le premier bâtiment que le jeune capitaine eut à commander fut une petite frégate de 14 canons, assez mauvaise marcheuse, nommée le *Danycan*.

Le *Danycan* était monté par un équipage de 98 hommes, composé de fils de famille à bout de ressources et de gens sans aveu, tant français qu'étrangers; car l'ordonnance royale de Fontainebleau, datée du 2 décembre 1691, était tès-sévère à ce sujet et défendait d'employer aux armements particuliers les gens propres au service du roi.

Le capitaine Trouin dirigea sa croisière sur les côtes d'Irlande. Jeté par la tempête dans une anse de la province de Limerick, il descendit à terre avec une partie de son équipage, s'empara d'un château du voisinage appartenant au comte de Clare; puis, apercevant deux vaisseaux anglais échoués dans la vase, il courut dans leur direction avec son monde et y mit le feu, malgré un corps de troupes accouru de la ville de Limerick; après quoi, opérant sa retraite en bon ordre, il regagna son vaisseau et reprit la mer.

En revenant à Saint-Malo, il rencontra plusieurs vaisseaux marchands; mais la mauvaise construction de sa frégate ne lui permit pas de les joindre.

L'année suivante, on lui confia le commandement d'une autre frégate corsaire, meilleure marcheuse, montée de 18 canons et nommée le *Coetquen* (ou le *Couesquen*).

Cette frégate, armée en course par la maison Danycan de l'Épine, avait 140 hommes d'équipage.

Le capitaine René Trouin, sieur du Gué[1], mit à la voile le 4 juin 1692, en compagnie d'une autre frégate, le *Saint-Aaron*[2], capitaine Jacques Welche, et s'en fut croiser sur la côte d'Angleterre.

Le 22 juin, à la hauteur du cap Cornouailles, les deux frégates rencontrèrent trente bâtiments marchands anglais escortés par deux frégates de 16 canons.

Notre héros, laissant à son camarade le soin de

1. C'est la première fois qu'on lui voit prendre ce titre.

2. Saint-Aaron était l'ancien nom de l'île sur laquelle fut bâtie la ville de Saint-Malo.

se jeter au milieu de la flotte marchande et d'amariner le plus grand nombre possible de bâtiments, attaqua bravement les deux frégates et s'en rendit maître après une heure d'un combat assez vif.

Mais en conduisant à Saint-Malo ces deux frégates anglaises et douze vaisseaux amarinés par le *Saint-Aaron*, les deux capitaines malouins furent rencontrés, en vue des côtes de Bretagne, par une division de vaisseaux de guerre anglais, qui les canonnèrent et leur reprirent deux bâtiments marchands, malgré la plus belle défense. Pour sauver les autres, Duguay-Trouin fut obligé de les mettre à couvert derrière les dangereux écueils qui environnent l'île de Bréhat, située à quelques lieues de Saint-Brieuc; lui-même, il alla se réfugier dans la rade d'Arqui, à neuf lieues de Saint-Malo, où n'osèrent le suivre les vaisseaux de guerre anglais.

Quelques jours après, le 12 juillet, Duguay-Trouin quitta cette rade salutaire pour revenir à Saint-Malo.

Mais la mort de ses pilotes, qui avaient tous été tués dans le combat avec les Anglais, l'obligea à se tenir en personne au gouvernail jour et nuit. Une violente tempête qui survint l'entraîna en pleine mer et le jeta sur la côte de Bristol.

Il mouilla sous une petite île, du nom de Londei, à l'entrée de la rivière de Bristol. Puis, la tempête apaisée, il lui fallut manœuvrer au plus vite pour éviter un vaisseau de guerre anglais de 60 canons qui voulait lui couper la retraite; il ne lui échappa qu'à la faveur de la nuit.

Huit jours après, le *Coetquen* faisait deux prises anglaises qui revenaient des Barbades avec un chargement de sucre. Le 14 août, il rentrait désarmer à Saint-Malo. Le *Saint-Aaron* y était rentré depuis longtemps avec quatre bâtiments marchands anglais qu'il avait pu conserver.

Vers la fin de cette même année, Duguay-Trouin se rendit à Brest, afin d'y prendre le commandement d'une flûte du roi de 32 canons, nommée le *Profond*, assez mauvaise marcheuse, que son frère aîné, Luc Trouin de la Barbinais, avait obtenue pour lui du ministre de la marine. et qu'il avait armée à ses frais.

En effet le roi confiait quelquefois des bâtiments aux armateurs les mieux famés, à la charge pour ceux-ci de payer les deux tiers des frais de l'armement : le roi payait le reste et prélevait une part (un cinquième, ordinairement) sur les bénéfices de la croisière.

Le *Profond* appareilla de Brest dans les derniers jours de décembre 1692.

Après avoir croisé un grand mois sans faire la moindre prise, Duguay-Trouin rencontra, par une nuit très-noire, un vaisseau de guerre suédois de 40 canons qui le prit, dans l'obscurité, pour un corsaire algérien, le canonna jusqu'au jour et lui fit beaucoup de mal.

Pour surcroît d'infortune, la fièvre chaude se mit

dans son équipage et lui tua 80 hommes. Hors d'éta de tenir la mer, il dut aller relâcher à Lisbonne.

A Lisbonne, il lui arriva une aventure assez désagréable. Ayant rencontré dans une rue de cette ville le maître canonnier du *Profond* qui avait déserté son poste depuis quelques jours, il courut à lui pour l'arrêter. Celui-ci se défendit l'épée à la main et appela à son secours quelques Portugais qui se trouvaient là et qui accoururent.

L'impétueux Duguay-Trouin, sans s'embarrasser du nombre, fond sur les Portugais à bras raccourci et s'ouvre un passage jusqu'à son coquin de maître canonnier ; il allait le saisir quand son pied porte sur une pierre et le fait trébucher brutalement. Le maître canonnier, profitant aussitôt de cet incident, s'échappe et se réfugie dans une église, asile sacré dans ce pays.

Après cette aventure, Duguay-Trouin appareilla de Lisbonne pour revenir en France.

Il prit, en chemin, un bâtiment espagnol chargé de sucre, en rencontra plusieurs autres qu'il ne put joindre à cause de la mauvaise marche de sa flûte, et fit voile pour Brest où il arriva à la fin d'avril 1693. Il y désarma le *Profond*, puis se rendit à Saint-Malo[1].

1. Dans l'intervalle de ces campagnes, Duguay-Trouin se dédommageait des fatigues de la mer par tous les plaisirs que l'on peut goûter à terre ; il se livrait au jeu avec tout l'emportement de son caractère, et nouait aussi de légères intrigues dont on peut lire le récit dans ses propres *Mémoires* ou dans quelques mémoires du temps. Il conçut aussi à cette époque une vive pas-

Le 6 juin suivant, le ministre de la marine, Phélippeaux de Pontchartrain, écrivait au sieur Desclouseaux, intendant de la marine à Brest :

« Sa Majesté ayant accordé l'*Hercule*, il faut que « vous le remettiez au sieur Trouin, qu'elle a choisi « pour le commander ; je vous prie de lui faciliter « les moyens de le faire sortir au plus tôt. »

L'*Hercule*, jolie frégate de 28 canons, excellente marcheuse, mit à la voile vers les premiers jours de juillet.

Cette fois, Duguay-Trouin établit sa croisière à l'entrée de la Manche : il y fit d'abord quatre prises anglaises et hollandaises ; après quoi, il resta deux mois entiers sans rencontrer aucun bâtiment. Sa position devenait difficile. Il n'avait plus que pour quinze jours de vivres ; en outre, les prisonniers anglais et hollandais embarrassaient son pont et plus de soixante hommes de son équipage étaient malades.

Malgré tout cela, Duguay-Trouin ne pouvait se résoudre à terminer sa croisière avec d'aussi minces résultats. Il avait je ne sais quel pressentiment qu'une heureuse occasion s'offrirait bientôt à lui et il reculait de moment en moment son retour à Saint-Malo.

sion pour une jeune personne d'une bonne famille de Saint-Malo, aussi jolie que spirituelle, Mlle de la Moinerie-Miniac ; il obtint même un rendez-vous, mais les parents en ayant été informés, firent mettre la jeune fille dans un couvent, ce qui coupa court à cette passion, qui aurait eu peut-être, sans cela, des résultats sérieux

Ses officiers lui représentaient qu'il était temps de regagner la France, que l'ordonnance du roi était formelle à ce sujet; mais Duguay-Trouin faisait la sourde oreille.

Un jour, il assembla son équipage assez mécontent, et réussit à en obtenir, moitié par autorité, moitié par persuasion, huit jours de patience : il le fit même consentir, en promettant le pillage de la première prise qui serait faite, à ce qu'on réduisît d'un tiers la ration ordinaire.

Sept jours se passèrent encore sans que l'on vît rien de nouveau; mais, dans la nuit du huitième jour, Duguay-Trouin, qui dormait d'un sommeil agité, vit en songe deux gros vaisseaux qui venaient à toutes voiles sur lui : il se réveille en sursaut et se lève à la hâte.

Hasard étrange, la première chose qu'il aperçut en montant sur le pont, aux premières lueurs du jour, fut précisément deux vaisseaux anglais de 28 canons, dans la même situation et avec les mêmes voiles que ceux qu'il avait cru voir en dormant.

Quelques heures après, il livrait combat à ces deux vaisseaux et s'en emparait, en dépit d'une résistance extrêmement vive qui dût céder cependant à l'impétuosité de l'équipage de l'*Hercule*, enflammé par l'espoir du pillage.

Duguay-Trouin conduisit à Nantes ces deux vaisseaux qui se trouvèrent chargés de sucre, d'indigo, d'or et d'argent. Malgré le pillage qui dura fort longtemps, la part du roi et celle des armateurs furent encore très-belles.

C'est ainsi que se termina cette fructueuse croisière, grâce aux pressentiments de Duguay-Trouin et à la fermeté avec laquelle il sut résister aux instances de tout son équipage à demi soulevé.

Nous aurons encore occasion, plus tard, de voir des exemples de cette singulière puissance de divination, que possédait à un haut degré notre héros [1].

De Nantes, Duguay-Trouin retourna croiser à l'entrée de la Manche. Il y prit, le 27 novembre, un vaisseau anglais, et le 29, un vaisseau hollandais; puis il rentra, escorté de ses deux prises, à Brest où il désarma.

L'année suivante, Duguay-Trouin quitta le commandement de l'*Hercule* pour prendre celui de la *Diligente*, frégate de 40 canons, montée par 250 hommes d'équipage.

La *Diligente* appareilla de Brest le 16 janvier 1694

1. « Je laisse aux philosophes, dit-il dans ses *Mémoires*, à expliquer la nature et le principe de cette voix intérieure qui m'a souvent annoncé les biens et les maux; qu'ils l'attribuent, s'ils le veulent, à quelque génie qui nous accompagne, à une imagination vive et échauffée, ou à notre âme elle-même qui, dans les moments heureux, perce les ténèbres de l'avenir pour y découvrir certains événements, je ne les chicanerai point sur ce point sur leurs explications, mais je ne sens rien de plus marqué dans moi-même que cette voix basse mais distincte, et pour ainsi dire opiniâtre, qui m'a annoncé et m'a fait annoncer plusieurs fois à d'autres jusqu'au jour et aux circonstances des événements. »

et s'en fut croiser au cap Saint-Vincent, où elle prit trois vaisseaux anglais et hollandais : après quoi, elle alla relâcher à Lisbonne, le 3 mars.

Le 5 avril, carénée de frais, elle descendit le Tage en compagnie de l'*Hercule*[1], capitaine de la Bouëxière, et reprit sa croisière.

Duguay-Trouin emmenait à bord de la *Diligente* deux grands de Portugal, le comte de Prades, gendre du maréchal de Villeroy, et le marquis de la Tallaye, son cousin, qui étaient vivement poursuivis pour avoir tué un corrégidor de Lisbonne, et que le Vidame d'Esneval, ambassadeur de France, avait prié notre capitaine de conduire en lieu de sûreté.

Le 25 avril, à 25 lieues O. N. O d'Ouessant, les deux frégates rencontrèrent quatre vaisseaux flessinguais de 20 à 30 canons, qui venaient de Curaçao avec un chargement de cacao et de piastres.

Duguay-Trouin, prenant l'avance sur son camarade, donne en passant sa bordée au vaisseau ennemi de l'arrière; puis, laissant à l'*Hercule* le soin d'achever sa défaite, il court à celui qui porte le pavillon et les insignes de commodore.

Ce vaisseau, nommé la *Panthère* et commandé par un brave capitaine du nom de François Moriau, attendit le choc de la *Diligente* avec assez de fermeté, assisté qu'il était par les deux bâtiments de l'avant.

1. *L'Hercule*, le même vaisseau que Duguay-Trouin avait monté la campagne précédente, était armé par les mêmes armateurs que *la Diligente*.

Les deux nobles Portugais voulurent absolument être spectateurs du combat, malgré les instances de Duguay-Trouin, qui leur représentait en vain que le Portugal n'étant point en guerre avec la Hollande, ils n'avaient aucune raison de s'exposer à être blessés ou tués : ils demeurèrent sur le pont de *la Diligente* jusqu'à la fin de l'action qui se termina par la prise de *la Panthère*.

Quant aux deux bâtiments de l'avant, sur lesquels le capitaine de *la Panthère* avait compté, ils avaient gagné le large aux premiers coups de canon, laissant leur camarade se tirer tout seul d'affaire.

De son côté, M. de la Bouëxière, capitaine de *l'Hercule*, n'avait pas été aussi habile ou aussi heureux que son camarade ; il avait laissé échapper le vaisseau de l'arrière que Duguay-Trouin s'était contenté de maltraiter assez gravement en passant. Le combat fini, il vint tout penaud rallier *la Diligente*.

Duguay-Trouin donna le commandement de sa prise à son cousin germain, Jacques Boscher[1], capitaine en second sur *l'Hercule*, et les trois bâtiments mirent le cap sur Saint-Malo, où ils firent leur entrée le 26 avril.

Trois jours après, le 29, Duguay-Trouin remet-

1. Jacques Boscher était né à Saint-Malo, le 5 novembre 1664 : son père, Guillaume Boscher, était le frère de Marguerite Boscher, mère de Duguay-Trouin. En outre, on voit par l'acte de baptême de celui-ci, que ce fut une demoiselle Janne Boscher, demoiselle de la Maisonneuve, sa tante, qui lui servit de marraine.

tait à la mer, seul cette fois, et s'en allait croiser sur les côtes d'Angleterre.

Le 30, il reconnut une flotte anglaise de trente bâtiments charbonniers escortée par un vaisseau de 56 canons, nommé *le Prince-Orange*. Il s'approcha de celui-ci, sous pavillon anglais, avec l'intention de ne démasquer ses couleurs que lorsqu'il serait à portée, et d'engager aussitôt le combat.

Mais, ayant accosté en route un des bâtiments du convoi et en ayant appris que cette flotte ne portait absolument rien autre chose que du charbon de terre, il changea de dessein, peu affriandé par cette maigre proie, et vira de bord.

Le capitaine du *Prince-Orange*, qui tout d'abord l'avait cru anglais, reconnut alors sa nationalité et se mit en devoir de lui donner chasse.

Duguay-Trouin ne voulut pas laisser croire à l'Anglais que s'il se retirait, c'était qu'il en eût peur, et fit carguer ses voiles. Indécis, l'Anglais cargua les siennes également.

Duguay-Trouin, satisfait de sa contenance, reprit alors sa route ; mais *le Prince-Orange* le suivit encore.

Alors notre héros, mettant de nouveau en panne, fit amener le pavillon anglais qu'il avait conservé à poupe jusque-là, puis le fit rehisser en signe de défi.

Irrité de cette bravade, l'Anglais lui tira trois coups de canon auxquels Duguay-Trouin répondit par trois autres coups, sans même daigner arborer son pavillon blanc, chose contraire aux lois de la guerre et qui devait bientôt lui susciter de fâcheux embarras ; puis, laissant là *le Prince-Orange* et sa flotte, il fit de la voile et s'éloigna.

Douze jours après, le 12 mai au matin, par un temps embrumé, il tomba dans une escadre anglaise de six vaisseaux de guerre qui tenaient la mer sous le pavillon de sir David Mitchel, contre-amiral de l'escadre bleue d'Angleterre.

Ces six vaisseaux, *le Commandant*, *l'Aventure*, *le Monk*, *le Cantorbéry*, *le Dragon* et *le Ruby*, portaient de 50 à 70 canons : *la Diligente* n'en avait que 40. Résister était impossible.

D'un autre côté, il n'était pas moins impossible de songer à chercher son salut dans la fuite, *la Diligente* se trouvant entre l'escadre et la côte.

Duguay-Trouin, voyant qu'il était perdu, résolut de vendre chèrement sa vie.

A six heures du matin, il engagea le combat avec *l'Aventure* qui se trouvait en tête, à quelque distance de l'escadre anglaise.

Tout en soutenant un feu des plus vifs, il gardait cependant toutes ses voiles dehors. Par cette manœuvre, il maintenait une certaine distance entre le reste de l'escadre et les deux combattants; en outre il courait la chance d'arriver tout doucement à doubler les îles Sorlingues et à gagner la pleine mer, où la bonté de son vaissaau pouvait le tirer d'affaire.

Malheureusement une terrible bordée vint couper

l'un des deux mâts de hune de *la Diligente* et l'arrêta court.

Aussitôt *l'Aventure*, profitant de son avantage, joignit *la Diligente* à portée de pistolet et, carguant ses voiles, vint se ranger bord à bord pour achever sa défaite.

A ce moment, Duguay-Trouin trouva dans son désespoir une inspiration d'une intrépidité incroyable. Sur le point d'être pris ou coulé à fond, il eut l'idée d'aborder lui-même son ennemi déjà plus qu'à moitié vainqueur et de l'enlever à la faveur de la surprise.

S'éloignant de quelques brassées pour préparer son abordage, il fait monter tous ses gens sur le pont, les arme de haches et de poignards, fait apprêter les grappins d'abordage et donne l'ordre de gouverner par le travers de *l'Aventure*.

Déjà l'équipage de *la Diligente*, enflammé par l'exemple de son héroïque capitaine, se tient rangé sur le pont, tout prêt à sauter à bord de l'ennemi (et qui sait si l'événement n'allait pas donner raison à cette folle intrépidité ?) quand tout à coup Duguay-Trouin s'aperçoit en frémissant que son vaisseau s'arrête sous lui, vire de bord et gagne au large.

Voici ce qui était arrivé. L'officier qui commandait la batterie du gaillard d'arrière, n'avait pas été informé de l'incroyable dessein du capitaine; il aperçut par un sabord *l'Aventure* si près de *la Diligente* qu'il crut à une méprise du timonnier et lui ordonna, de son chef, de changer la barre du gouvernail.

Désespéré de ce fâcheux incident, Duguay-Trouin court à l'habitacle et se hâte de faire remettre la barre sur *l'Aventure*.

Mais il est trop tard ! Le capitaine anglais, devinant l'intention de son intrépide ennemi, manœuvre de façon à l'éviter. L'occasion de tenter *la plus étonnante aventure dont on ait ouï parler* était manquée[1] !

Sur ces entrefaites, *le Monk*, gros vaisseau de 66 canons, s'approche à portée de pistolet et ouvre un feu épouvantable sur la pauvre *Diligente*. Trois autres vaisseaux, *le Cantorbéry*, *le Dragon* et *le Ruby*, s'en approchent bientôt à leur tour et la canonnent de leur avant.

C'est alors que Dugay-Trouin devient magnifique d'héroïsme. Démâté, privé d'une partie de son équipage, il fait face à ses quatre redoutables ennemis ; puis, s'apercevant que le commandant anglais ne daignait pas se mêler au combat, il lui envoie, sublime bravade ! une bordée de canon, sans pouvoir le décider du reste à lui répondre.

Mais ses gens commencent à s'épouvanter de ce combat qui ne finit pas ; ils perdent la tête et, quit-

1. « Dans la résolution où j'étais de périr ou d'enlever ce vaisseau qui allait mieux qu'aucun autre de son escadre, il était presque indubitable que j'aurais mené en France un vaisseau plus fort que celui que je montais, d'autant plus que, me trouvant démâté, il m'était impossible d'échapper autrement à des forces aussi supérieures. » (*Mémoires de Duguay-Trouin.*)

tant leur poste, ils se jettent à fond de cale. Duguay-Trouin court à eux l'épée haute, pour les ramener au combat.

Tout à coup un danger plus effrayant encore menace de faire sauter *la Diligente :* le feu vient de prendre à la Sainte-Barbe.

Dans cette extrémité, Duguay-Trouin ne perd pas courage. Allant au plus pressé, il descend à la Sainte-Barbe, éteint le feu ; puis, revenant à son équipage, il fait apporter sur les écoutilles des barils pleins de grenades, qu'il lance lui-même à fond de cale et en si grand nombre qu'il contraint la plupart de ses gens à reprendre leur poste.

Puis il remonte sur le pont, heureux d'avoir rétabli un peu le combat. O douleur, il trouve son pavillon baissé, soit qu'un boulet en eût coupé la drisse, soit qu'un poltron, profitant de l'absence du capitaine, l'eût amené.

Duguay-Trouin fait remonter aussitôt son pavillon et rouvrir le feu.

Mais ses officiers, ses soldats l'entourent ; ils lui représentent que soutenir plus longtemps ce combat sans issue est de la folie, du délire : que cette résistance inutile exaspérera l'ennemi qui ne fera plus quartier et massacrera tout l'équipage, surtout s'il voit rehisser le pavillon, après l'avoir vu baissé pendant quelque temps.

Duguay-Trouin, debout sur son pont, résiste aux instances de son équipage ; il ne peut soutenir la pensée de se rendre aux Anglais ; il donne l'ordre de reprendre le combat, quand tout à coup un boulet vient le frapper à la hanche et le renverse sans connaissance.

On le transporte dans sa chambre : quelques instants après il revient à lui, et, le désespoir dans le cœur, il donne enfin l'ordre d'amener son pavillon.

Il était alors six heures du soir; il y avait juste douze heures que le héros, avec sa seule frégate, soutenait le combat contre cinq vaisseaux de guerre.

Le capitaine du *Monk* envoya son canot prendre le glorieux vaincu avec une partie de ses officiers. Transporté à bord du vaisseau anglais, Duguay-Trouin fut parfaitement reçu par le capitaine, qui lui céda sa propre chambre et jusqu'à son lit, le fit panser et le traita avec les plus grands égards, « avec autant de soin, dit Duguay-Trouin dans ses *Mémoires*, que si j'avais été son propre fils. »

Vingt jours après, l'escadre anglaise ayant achevé sa croisière, rentrait à Plymouth avec *la Diligente*.

A Plymouth, on donna la ville entière au héro pour prison. Son caractère sociable, rehaussé par une physionomie heureuse et par le bruit que sa glorieuse défaite avait soulevé autour de son nom, le fit parfaitement acueillir par les habitants: il inspira même une vive passion à *une fort honnête et fort aimable marchande* (dit-il dans ses Mémoires), dont l'amour devait lui servir grandement par la suite.

Mais bientôt il arriva que *le Prince d'Orange*, ce même vaisseau anglais que Duguay-Trouin avait si dédaigneusement canonné douze jours avant d'être fait prisonnier, vint relâcher dans la rade de Plymouth, après avoir conduit à destination la flotte de charbon qu'il était chargé d'escorter.

Le capitaine du *Prince d'Orange* reconnut dans le port *la Diligente*, et, tout ému encore des bravades de Duguay-Trouin, il alla l'accuser devant l'Amirauté d'avoir tiré sur son vaisseau sans avoir arboré le pavillon français, contrairement aux lois de la guerre, et obtint qu'on le mît provisionnellement en prison jusqu'à ce que la reine d'Angleterre eût prononcé sur son sort.

Duguay-Trouin fut enfermé dans une chambre dont les fenêtres étaient grillées, et l'on mit une sentinelle à sa porte. Toutefois il eut la faculté de se faire apporter à manger dans sa prison et d'y recevoir qui il voudrait.

Nous avons dit que le caractère du prisonnier était fort aimable et qu'il savait se faire des amis très-chauds de tous ceux qui l'approchaient : aussi, les officiers anglais, chargés de garder à tour de rôle avec leur compagnie les prisonniers, se faisaient un plaisir de venir dîner avec Duguay-Trouin dans sa prison. Il y recevait aussi fort souvent la visite de la jolie marchande avec qui il avait noué des relations, et sa bonne étoile voulut qu'un des officiers anglais, qui se trouvait être un Français réfugié, devint éperdument épris de cette aimable personne.

Ce capitaine, tout plein de sa passion, en fit confidence à Duguay-Trouin, et, le sachant fort lié avec l'objet de son amour, il le pria de s'employer en sa faveur.

Duguay-Trouin eut assez de présence d'esprit pour entrevoir immédiatement tout le parti qu'il pouvait tirer de cette aventure: il répondit au capitaine qu'il était tout disposé à lui rendre service, mais que pour qu'il pût le faire avec quelque chance de succès, il était nécessaire qu'il pût entretenir la marchande en toute liberté; que la prison n'était rien moins que commode pour un entretien de ce genre; qu'il vaudrait beaucoup mieux convenir d'un endroit voisin de la prison où la marchande pourrait se rendre sans exciter les soupçons et où il la rejoindrait de son côté. Avec cet arrangement il pourrait librement et facilement persuader la marchande et se chargeait de la décider en faveur du capitaine. Puis celui-ci se présenterait lui-même à son tour, aussitôt que les voies seraient aplanies par l'éloquence de son officieux ami.

Notre capitaine, aveuglé par sa passion, trouva ce plan parfaitement imaginé et en fixa l'exécution au jour où il serait de garde à la porte de la prison.

Aussitôt, sans perdre un instant, Duguay-Trouin écrit à la marchande et lui raconte toute l'affaire, la suppliant de ne pas y refuser son consentement, en ajoutant que sa captivité lui est odieuse et que s'il ne réussit pas à s'évader, il se tuera dans sa prison.

La bonne marchande, par amour pour notre héros, acquiesça sans peine à tout ce qu'il voulait.

Ceci obtenu, Duguay-Trouin se met en communication avec le capitaine d'un bâtiment suédois en relâche dans la rade de Plymouth : il lui achète une chaloupe équipée d'une voile, de six avirons, de six fusils, de six sabres, de biscuit, de bière, de quelques autres provisions et d'un compas de route : il convient en même temps avec lui que quelques matelots suédois se rendront à la prison, sous prétexte d'aller visiter les prisonniers français, et qu'ils apporteront avec eux un habillement complet semblable au leur.

Ces matelots vinrent donc à la prison : le maitre d'équipage de *la Diligente*, qui parlait suédois, revêtit l'habillement qu'ils avaient apporté et sortit avec eux sans être remarqué. Une fois libre, il prit les dernières dispositions, et paya au capitaine suédois une somme de trente cinq livres sterling[1], pour prix de sa chaloupe tout équipée, à condition que cette chaloupe serait prête au jour fixé et que six matelots suédois attendraient Duguay-Trouin à un rendez-vous convenu non loin de la prison et l'escorteraient jusqu'au lieu de l'embarquement.

Enfin, le 18 juin, l'amoureux capitaine se trouvant de garde à la prison, la marchande avertie se rendit dans une auberge du voisinage. Aussitôt qu'il

1. C'est-à-dire 875 francs.

l'eut aperçue y entrer, notre homme alla ouvrir la porte de la prison à Duguay-Trouin, ainsi qu'à son lieutenant, Nicolas Thomas, sieur Dupré, qui était dans la confidence, et leur recommanda de plaider chaudement sa cause et de ne pas le faire languir trop longtemps.

Duguay-Trouin court à l'auberge, suivi de son lieutenant, remercie la généreuse marchande, l'embrasse tendrement; puis passant au plus vite dans un petit jardin situé sur le derrière de l'auberge et donnant dans une rue écartée, il escalade le mur de ce jardin, et trouve dans la rue son valet de chambre, Pierre Legendre et son chirurgien, Antoine Lhermitte[1], qui l'attendaient et qui l'emmènent au rendez-vous convenu avec le capitaine suédois.

Nos évadés trouvent au rendez-vous les six matelots bien armés, et, sous cette escorte, ils gagnent au plus vite l'endroit où était amarrée leur chaloupe, à deux lieues de là environ.

A dix heures du soir, ils s'embarquent : ils étaient cinq, savoir : Duguay-Trouin, son lieutenant, son maître d'équipage, son chirurgien et son valet de chambre.

A peine avaient-ils démarré que deux vaisseaux de guerre les hélèrent. Duguay-Trouin répondit :

1. Son valet de chambre avait la liberté de sortir de la prison pour aller chercher ce dont les prisonniers avaient besoin : quant au chirurgien, il allait chaque jour à l'hôpital de la ville soigner les blessés de *la Diligente*.

Fisherman (pêcheurs) et les vaisseaux de guerre le laissèrent passer[1].

A la pointe du jour, la chaloupe rencontra encore, en dehors de la grande rade de Plymouth, une frégate qui voulut à toute force lui parler.

Heureusement le vent tomba tout d'un coup et la frégate ayant été arrêtée par ce calme salutaire, les évadés purent gagner au large en faisant force de rames.

Mais ils n'étaient échappés à ce danger que pour tomber bientôt dans un autre non moins grand ; la faible barque, une fois en pleine mer, à quinze lieues de toute terre, fut cent fois au moment de chavirer.

Duguay-Trouin et son maître d'équipage se relayaient au gouvernail : le compas de route, qu'ils éclairaient dans l'obscurité avec un petit fanal, était la seule ressource qu'ils avaient pour se diriger.

Le lieutenant, le chirurgien et le valet de chambre tenaient tour à tour les avirons et ne les quittaient que lorsque la fatigue les leur faisait tomber des mains.

1. Cinq ans auparavant, le fameux Jean-Bart, le héros dunkerquois, fait prisonnier avec Forbin par les Anglais, après la plus héroïque résistance, avait été enfermé, comme Duguay-Trouin, à Plymouth, et, comme lui, s'en était évadé en traversant la Manche sur une barque. Rapprochement curieux, il avait été aussi hélé, en sortant du port, par un gros vaisseau, et lui avait échappé en faisant la même réponse que Duguay-Trouin : *Fisherman !*

Au milieu de la nuit, Duguay-Trouin qui veillait seul, harassé, excédé, s'endormit au gouvernail et la barque, abandonnée à elle-même, vogua au gré des flots.

Mais tout à coup les cinq malheureux furent réveillés en sursant, ayant déjà de l'eau à mi-corps. Un violent coup de vent, donnant brusquement dans la voile, avait couché la barque sur le flanc et l'avait remplie d'eau en un instant.

Ce fut par un miracle que Duguay-Trouin se tira de ce mauvais pas. Manœuvrant de manière à prendre le vent dans sa voile, il parvint, à force d'habileté, à redresser sa chaloupe, pendant que ses compagnons vidaient l'eau qui la remplissait avec leurs chapeaux, et remis de cette effrayante alerte, il reprit sa route.

Malheureusement le biscuit et le baril de bière avaient été entièrement gâtés par l'eau de mer et les tourments de la faim et de la soif vinrent s'ajouter à ceux que souffraient déjà les malheureux évadés.

Enfin, le lendemain, 20 juin, à huit heures du soir, la barque touchait terre sur la côte de Bretagne, à deux lieues de Tréguier. Il y avait quarante-six heures qu'elle était le jouet des vagues !

La première chose que fit Duguay-Trouin en sautant sur le rivage fut de tomber à genoux pour rendre grâces à Dieu de sa miraculeuse délivrance et pour embrasser sa terre natale.

Puis, il gagna avec ses compagnons le village le

plus prochain; on leur donna du pain bis et du lait que l'appétit leur fit trouver délicieux: après quoi, ils se jetèrent sur un lit de paille fraîche et s'endormirent d'un profond somneil.

Le lendemain, ils se rendirent à Tréguier, et delà à Saint-Malo. Le 30 juin, Duguay-Trouin faisait la déclaration de sa capture et de son évasion en présence du lieutenant général de l'amirauté.

Les Anglais ne devaient pas tarder à se repentir d'avoir laissé échapper leur proie!

CHAPITRE III.

SOMMAIRE. — Prise du *Nonsuch* et du *Boston;* Duguay-Trouin reçoit une épée d'honneur du roi. — Sa campagne avec le marquis de Nesmond. — Il prend trois riches vaisseaux venant des Indes orientales. — Premier voyage de Duguay-Trouin à Versailles. — Il retourne à Brest, prend la mer sur *le Sans-Pareil*, et échappe à une flotte anglaise considérable. — Funeste campagne de Duguay-Trouin sur les côtes d'Espagne et mort de son frère cadet devant Vigo. — Brillante victoire remportée sur le contre-amiral hollandais Wassenaër. — Duguay-Trouin passe au service du roi (1695-1697).

Duguay-Trouin ne demeura pas longtemps inactif. Il avait hâte de prendre sur les Anglais une éclatante revanche.

Aussitôt qu'il fut remis de ses fatigues, il se rendit à la Rochelle, pour y prendre le commandement du *François*, beau vaisseau de 48 canons, que son frère aîné venait d'armer.

Le François appareilla dans les premiers jours d'octobre 1695 et dirigea sa croisière sur les côtes d'Angleterre et d'Irlande : Jacques Boscher était cette fois encore capitaine en second de son vaillant cousin.

Duguay-Trouin rencontra d'abord et prit cinq vaisseaux marchands chargés de tabac et de sucre.

Puis, le 3 janvier, il en prit un sixième qui arrivait de la nouvelle Angleterre avec un chargement de mâts et de pelleterie.

Ce dernier bâtiment lui apprit qu'il s'était détaché d'une flotte de 60 voiles, escortée par deux vaisseaux de guerre.

Aussitôt Duguay-Trouin, s'empressant de saisir cette occasion de faire payer cher aux Anglais sa défaite de l'année précédente, courut à toutes voiles au-devant de cette flotte.

Vers midi, la vigie du *François* eut connaissance de la flotte anglaise. Les deux vaisseaux de guerre qui lui servaient d'escorte étaient des plus forts ; l'un d'eux, *le Nonsuch*, était monté à 50 canons ; le second, *le Boston*, était percé à 72 canons, mais monté seulement à 38.

A trois heures Duguay-Trouin arrive vent arrière sur *le Boston;* en trois ou quatre bordées, il le démâte de son grand mât de hune et lui coupe sa grande vergue ; puis, le voyant hors de combat et dans l'impossibilité de manœuvrer pour s'échapper, il le laisse et fond sur *le Nonsuch*, qu'il aborde par le travers.

Les grappins du *François* accrochent le vaisseau anglais, un feu de mousqueterie et de grenades bien dirigé nettoie en un instant ses gaillards et son pont et l'équipage de Duguay-Trouin s'élance plein d'ardeur, le valeureux Jacques Boscher en tête.

Mais bientôt le feu se déclare à la pompe du *Nonsuch* avec une telle violence que Duguay-Trouin est obligé de reprendre tout son monde et de s'éloigner précipitamment, afin de ne pas périr avec son ennemi.

Toutefois il se tint à portée du *Nonsuch*, puis aussitôt qu'il vit le feu à peu près éteint, il se rapprocha et reprit son abordage : malheureusement le feu se ralluma bientôt avec une nouvelle vigueur et se communiqua à la hune du *François* et à sa voile de misaine, de sorte que Duguay-Trouin dut une seconde fois déborder.

La nuit vint sur ces entrefaites et notre héros, ne pouvant revenir une troisième fois à l'abordage au milieu de l'obscurité, se contenta de conserver ses deux ennemis à moitié vaincus, se réservant d'achever leur défaite le lendemain : toutefois il profita de son inaction forcée pour réparer ses avaries et changer ses voiles qui toutes étaient criblées et brûlées.

Le jour, en se levant, éclaira le théâtre du combat. Pendant la nuit, la flotte marchande s'était dispersée et avait disparu. Quant au *Boston* et au *Nonsuch*, ils s'étaient réparés du mieux qu'ils avaient pu, s'attendant bien à être attaqués au point du jour.

Effectivement Duguay-Trouin, aussitôt que le jour eut paru, courut droit au *Nonsuch* et lui envoya bordée sur bordée : en peu d'instant ses deux grands mâts du vaisseau anglais tombèrent dans les porte-haubans du *François* et il resta ras comme un iponton.

Sûr désormais de le tenir à sa discrétion, Duguay-Trouin pousse au large et gouverne sur *le Boston* qui, voyant comment tournaient les choses, avait mis toutes ses voiles au vent pour s'échapper : l est bientôt rejoint et amène son pavillon.

Aussitôt l'infatigable capitaine revient encore une fois sur *le Nonsuch* qui se rend également sans plus de résistance.

Le combat était fini : le *François*, avec ses 48 canons, avait triomphé de deux gros vaisseaux de guerre anglais.

Le Boston, magnifique vaisseau percé à 72 canons, avait été construit à Boston et chargé des plus beaux mâts et des pelleteries les plus recherchées : il était destiné à être offert en présent au prince d'Orange, qui venait de se faire reconnaître roi d'Angleterre sous le nom de Guillaume III.

Une scène assez plaisante se passa sur le pont du *François*, quelques instants après la fin du combat. Le capitaine d'un des bâtiments marchands que Duguay-Trouin avait amarinés quelques jours auparavant, monta sur le gaillard pour féliciter le vaillant capitaine et prenant un air joyeux, lui dit :

« Capitaine, moi aussi, je viens de remporter ma victoire : au moment où vous alliez engager le combat, je suis descendu à fond de cale avec le capitaine[1] de la flûte qui m'a dit : Camarade, réjouissez-vous, vous serez bientôt en liberté. *Le Nonsuch* est monté par le capitaine Thomas Tellern, un des plus braves capitaines de toute l'Angleterre ; c'est lui qui a pris à l'abordage le fameux Jean-Bart et le chevalier de Forbin. Le capitaine du *Boston* n'est pas moins brave et est tout au moins aussi bien armé. En outre, ils ont fortifié leurs équipages de celui d'un vaisseau anglais qui s'est perdu depuis peu sur la côte de Boston. Ainsi, vous jugez bien que ce Français ne pourra pas leur résister longtemps. — Bah ! lui répondis-je, ce Français que vous dédaignez est plus brave encore que vos capitaines anglais et je parierais ma tête qu'il sera le vainqueur.

« L'Anglais me repartit un peu vivement, je ne demeurai pas en reste, bref, de discours, nous en vînmes aux mains et mon homme a reçu son affaire.

« Voilà la petite victoire que je voulais vous annoncer, capitaine ; et maintenant je vous demande, pour toute grâce, de faire monter mon ennemi sur le pont afin qu'il voie de ses yeux *le Nonsuch* et *le Boston* amarinés et qu'il en crève de dépit. »

Duguay-Trouin ayant effectivement envoyé chercher le capitaine anglais, celui-ci perdit contenance en voyant le pitoyable état où le héros avait

1. C'est ce capitaine qui avait appris à Duguay-Trouin l'arrivée de la flotte anglaise.

mis ces deux magnifiques vaisseaux et il se retira en jurant comme un beau diable et en s'arrachant les cheveux.

Quelques instants après, on apporta à Duguay-Trouin les brevets de capitaine de frégate de Jean-Bart et de Forbin [1], qu'on avait conservés comme trophées à bord du *Nonsuch*.

Notre héros s'occupa ensuite de rétablir un peu le désordre où le long et glorieux combat qu'il venait de soutenir avait mis son vaisseau; mais il avait à peine paré au plus pressé qu'une violente tempête s'éleva tout à coup et le sépara de ses deux prises.

Le François était tout délabré : ses mâts de hune et son mât d'artimon avaient été enlevés par les boulets, sa chaloupe et ses canots hachés : en outre, il avait perdu plus de la moitié de son équipage. Aussi courut-il les plus grands dangers, et ce fut par miracle qu'il réussit à gagner le port de Brest.

De son côté, *le Nonsuch*, dont Jacques Boscher, capitaine en second du *François*, avait pris le commandement, eut la plus grande peine à se tirer d'affaire : tous les officiers de ce bâtiment avaient été tués ou blessés dans le combat, tous ses mâts avaient été rasés et toutes ses voiles brûlées. Le capitaine Boscher dut jeter à la mer tous les canons

1. Le 22 mai 1689, ces deux braves capitaines, attaqués par des forces très-supérieures dans la Manche, avaient été faits prisonniers, après une héroïque résistance qui dura deux heures et permit à la flotte marchande qu'ils escortaient de s'échapper. Jean-Bart était capitaine de frégate depuis le 14 août 1686.

du pont et des gaillards : malgré cela, il fut cent fois au moment de couler bas. Enfin, après vingt jours de tempête, il arriva au port Louis le 24 janvier, sans mâts, sans voiles et sans canons, ras comme un ponton.

Quant au *Boston*, emporté par la tempête assez loin au large, il fut repris, dès le lendemain du combat, à la hauteur de l'île d'Ouessant, par quatre corsaires de Flessingue.

Le mois suivant, le bruit de ce magnifique combat étant arrivé jusqu'à la cour, Pontchartrain, ministre secrétaire d'État de la marine, écrivit à Duguay-Trouin une lettre extrêmement flatteuse, dans laquelle il lui annonçait que le roi venait de lui accorder une épée d'honneur.

Le ministre l'invitait en même temps à rejoindre avec son vaisseau l'escadre du marquis de Nesmond qui mouillait en rade de la Rochelle, toute prête à aller croiser à l'entrée de la Manche.

Le François, rétabli et caréné de frais, mit à la mer le 16 mai. En passant au Port-Louis, il rallia *le Fortuné*, de 56 canons, capitaine Beaubriant-Lévêque et rejoignit l'escadre du marquis de Nesmond dans les premiers jours de juillet.

Le 20 juillet, cette escadre appareilla de l'île d'Aix : elle se composait, outre *le François* et *le Fortuné*, de *l'Excellent* que montait le marquis de Nesmond, du *Saint-Antoine*, de 56 canons, capitaine de la Villestreux et d'un cinquième vaisseau de même force.

Trois vaisseaux de guerre anglais qui regagnaient la côte d'Angleterre, prirent chasse devant l'escadre française.

Duguay-Trouin, que son ardeur entraînait toujours au premier rang, se trouvait à quelque distance en avant de ses camarades. Il s'efforça de réjoindre le plus gros vaisseau anglais, qui se trouvait en queue, avec le dessein de l'aborder.

Mais, au moment où il allait atteindre ce vaisseau qui se nommait *l'Espérance* et portait 76 canons, le marquis de Nesmond tira un coup de canon sans arborer pavillon blanc, et Duguay-Trouin, averti par ce signal que son chef lui donnait ordre de l'attendre pour engager le combat, cargua sa grande voile.

Un quart d'heure après, *l'Excellent* arrivait en ligne et mettait enfin pavillon blanc en s'assurant d'un coup de canon.

Aussitôt Duguay-Trouin fait remettre sa grande voile, rejoint *l'Espérance* et lui envoie toute sa bordée. Mais à peine a-t-il commencé l'engagement que le marquis de Nesmond, se mettant lui-même de la partie, arrive sur *l'Espérance*, le joint à portée de pistolet et le presse si vivement qu'il le démâte de son grand mât et s'en rend maître après une assez belle résistance.

Pendant ce temps, *le Saint-Antoine* avait rejoint le second vaisseau de guerre anglais, *l'Anglesey*, de 58 canons, et l'avait abordé. Malheureusement le capitaine de la Villestreux ayant été mortellement atteint dès le premier moment, et son vaisseau s'étant en même temps trouvé tout à fait désemparé de ses voiles et de ses manœuvres par un feu terrible de mousqueterie et de canon, *l'Anglesey* put pousser au large et s'échapper, ainsi que son camarade, le troisième vaisseau, grâce surtout à la nuit qui survint.

Duguay-Trouin se plaignit vivement au marquis de Nesmond de ce qu'il lui avait enlevé une si belle occasion de se couvrir de gloire. Nesmond s'excusa en rejetant la faute sur une erreur de son capitaine de pavillon qui avait mal interprété ses ordres, et rendit d'ailleurs pleine justice à la valeur du bouillant capitaine.

Cette campagne, si heureusement commencée, ne se termina pas moins bien : deux vaisseaux de la compagnie des Indes et un gros bâtiment marchand, chargé de tabac, tombèrent encore aux mains du marquis de Nesmond qui rentra le 1er septembre à Brest, pendant que Duguay-Trouin et le capitaine de Beaubriant-Lévêque allaient mouiller au Port-Louis.

Le 7 septembre, Nesmond reprit la mer avec trois vaisseaux et quatre frégates.

De leur côté, *le François* et *le Fortuné* appareillèrent du Port-Louis et se dirigèrent de compagnie sur les côtes du Spitzberg, pour y détruire les baleiniers hollandais.

Par malheur, les vents contraires arrêtèrent nos capitaines, et les obligèrent de renoncer à gagner leur croisière et de se borner à explorer les parages des Orcades : rebutés bientôt de n'y rencontrer aucune voile ennemie, ils allèrent consommer le reste de leurs vivres sur les côtes d'Irlande.

Il y avait déjà trois mois qu'ils tenaient la mer et, par une fatalité désastreuse, pas un vaisseau n'avait été signalé par les vigies. Les équipages étaient consternés.

Seul, Duguay-Trouin n'avait pas perdu l'espoir de faire quelque riche prise. Cette fois encore, il avait des pressentiments de bon augure qui le tenaient en joyeuse humeur : il ne cessait d'assurer à ses officiers qu'avant peu ils seraient amplement dédommagés de leur longue attente.

Effectivement, un matin, on a connaissance de trois voiles à l'horizon ; ce sont trois vaisseaux de guerre anglais d'une très-forte apparence. Sans balancer un instant, nos deux capitaines gouvernent sur l'ennemi toutes voiles dehors.

Les trois anglais, *la Défense*, de 58 canons, *la Résolution* de 56 et *le Prince-Noir* de 40, fiers de leurs avantages, mettent en panne et attendent l'attaque des deux vaisseaux français, mais ils ne devaient pas tarder à rabattre de leur assurance.

Le capitaine de Beaubriant-Lévêque engage le feu, donne en passant sa bordée au vaisseau commandant, *la Défense*, et s'attache à réduire le second, *la Résolution*, qu'il contraint bientôt à amener pavillon.

Duguay-Trouin, de son côté, suit immédiatement

le Fortuné et, arrivant par le travers de *la Défense*, il l'attaque si vivement qu'il s'en rend maître en fort peu de temps. Puis, sans reprendre haleine, il court au *Prince-Noir* qui s'enfuyait à toutes voiles en voyant l'état du combat, et s'en empare malgré une résistance opiniâtre. Puis *le François* et *le Fortuné* font voile pour Lorient, avec leurs trois prises à la remorque.

Ces trois vaisseaux venaient des Indes orientales, et les richesses dont ils étaient chargés étaient si considérables qu'elles donnèrent plus de vingt pour cent de profit aux armateurs du *François* et du *Fortuné*, malgré le pillage qu'il n'avait pas été possible d'empêcher.

Après cette fructueuse campagne, Duguay-Trouin fit un voyage à Paris. Il y vit le comte de Toulouse, grand amiral de France et le ministre de la marine Pontchartrain. Celui-ci le présenta au roi, pour lequel le héros malouin avait une grande admiration. Le roi l'accueillit fort bien : *ce grand monarque* (dit Duguay-Trouin dans ses *Mémoires*) *daigna paraître content de mes services et je sortis de son cabinet le cœur pénétré de la douceur et de la noblesse qui régnaient dans ses paroles et dans ses moindres actions; le désir que j'avais de me rendre digne de son estime en devint plus ardent.*

Après un séjour de quelques mois à Paris et à Versailles, Duguay-Trouin se rendit directement au Port-Louis, afin d'y faire mettre en état le vaisseau anglais, *le Nonsuch*, sa prise de l'année précédente.

Le 7 juillet, ce bâtiment, devenu *le Sans-Pareil*, fut prêt à prendre la mer. Duguay-Trouin mit à la voile et se dirigea sur les côtes d'Espagne.

Arrivé dans ces parages, on lui donna l'avis qu'il y avait dans le port de Vigo trois vaisseaux hollandais, qui attendaient de la Corogne un vaisseau de guerre anglais, chargé de les escorter jusqu'à Lisbonne.

Aussitôt le plan de notre héros est fait. Un beau matin, il se présente à l'entrée de Vigo avec flamme et pavillon anglais, ses basses voiles carguées, ses perroquets en bannière et un yacht anglais au bout de sa vergue d'artimon, manœuvre habituelle aux Anglais en pareil cas.

La structure anglaise du *Sans-Pareil* aida si bien à ce stratagème que deux des trois vaisseaux hollandais vinrent se ranger sans méfiance sous l'escorte de l'habile capitaine, qui n'eut que la peine de les amariner; ces deux vaisseaux étaient chargés de gros mâts et d'autres bonnes marchandises.

Quant au troisième, il était, par bonheur pour lui, hors d'état de lever l'ancre; ce fut ce qui le sauva.

Sur ces entrefaites, la nuit survint et Duguay-Trouin se dirigea avec ses deux prises sur le port de France le plus voisin.

Mais le lendemain matin, 28 juillet, au point du jour, il découvrit à trois lieues sous le vent toute une escadre anglaise.

Que faire? Il ne fallait pas songer à résister avec

un seul vaisseau à une escadre entière; d'un autre côté prendre chasse avec deux lourdes prises hollandaises n'était guère plus facile : une seule ressource restait à Duguay-Trouin, la ruse. Il eut bientôt pris son parti.

Il ordonna aux deux officiers, à qui il avait donné le commandement de ses deux prises d'arborer pavillon hollandais et de gagner au large, après avoir salué *le Sans-Pareil* chacun de sept coups de canon; puis, plein de confiance dans la bonté de son navire et dans son apparence anglaise, il ne craignit pas de faire voile sur la flotte anglaise, dans la pensée qu'on le prendrait pour un vaisseau de la flotte même qui, après avoir parlé à des bâtiments hollandais, viendrait reprendre son poste.

Cette manœuvre et surtout la structure anglaise du *Sans-Pareil* abusèrent complétement deux gros vaisseaux de guerre qui s'étaient détachés tout d'abord, avec une frégate de 26 canons pour le reconnaître, et qui retournèrent prendre leur rang.

Toutefois la frégate continua sa route et s'opiniâtra à vouloir parler aux deux prises hollandaises.

Duguay-Trouin naviguait alors, fort tranquille en apparence, avec la flotte anglaise; mais, au fond, il était désespéré de voir ses deux prises en grand danger de tomber au pouvoir de la frégate. Cette pensée lui fut tellement insupportable qu'il se résolut à tout tenter pour sauver ses deux prises.

Ayant remarqué que *le Sans-Pareil* allait beaucoup mieux que ceux des ennemis qui se trouvaient le plus près de lui, il courut insensiblement au large; puis, quand il se vit une certaine avance, il força tout à coup de voiles et vint se placer fort à propos entre les deux prises hollandaises et la frégate anglaise qui allait les atteindre.

Le capitaine de cette frégate, surpris et inquiet de la manœuvre de Duguay-Trouin, se tint à une portée de fusil au vent et envoya son canot reconnaître *le Sans-Pareil.*

Aussitôt que Duguay-Trouin vit qu'il allait être démasqué, il arbora le pavillon blanc à la place du pavillon anglais qu'il avait jusque-là conservé en poupe, et engagea le feu avec fureur, en vue de l'escadre anglaise stupéfaite.

La méfiance du capitaine de la frégate l'empêcha d'être enlevé : mais si Duguay-Trouin ne put l'aborder, il fit du moins pleuvoir sur cette frégate un tel feu de canon et de mousqueterie qu'elle fut presque immédiatement hors d'état de manœuvrer, et que peu s'en fallut même qu'elle ne coulât bas. Elle mit à la bande avec un pavillon rouge sous ses bancs de hune, et tira des coups de canon de distance en distance en signe de détresse.

Cependant, à la vue du combat, plusieurs gros vaisseaux s'étaient détachés en toute hâte de la flotte. Ils durent s'arrêter heureusement pour secourir la frégate et recueillir le canot envoyé en reconnaissance et donnèrent ainsi à Duguay-Trouin le temps de s'éloigner tranquillement et de se mettre hors d'atteinte.

Il rejoignit à l'entrée de la nuit ses deux prises qui n'avaient pas perdu leur temps et s'étaient échappées; le lendemain, 29 juillet, il entrait avec elles dans la rade de Port-Louis.

Ses vivres n'étant pas encore complétement consommés, il reprit la mer presque immédiatement: il dirigea sa croisière vers l'entrée de la Manche, où il ne tarda pas à s'emparer d'un bâtiment flessinguois qui venait de Curaçao. Il le conduisit à Brest et songea alors à faire caréner de frais son fidèle *Sans-Pareil*, assez maltraité dans le cours de cette aventureuse campagne.

En même temps qu'il faisait réparer *le Sans-Pareil*, il faisait aussi équiper une frégate de 16 canons, nommée *la Leonora*, dont il donna le commandement à l'un de ses frères cadets, Étienne Trouin, tout jeune homme de dix-neuf ans et demi qui marchait déjà glorieusement sur les traces de son aîné[1].

Vers les derniers jours d'août, ces deux bâtiments s'étant trouvés en état de prendre la mer, Duguay-Trouin mit à la voile avec son jeune frère et s'en fut croiser sur les côtes d'Espagne.

Il y demeura fort longtemps sans faire aucune rencontre; enfin se voyant sur le point de manquer totalement de vivres, il fut obligé d'aller mouiller entre le port de Vigo et les îles de Bayonne.

1. Étienne Trouin, né en 1677, était l'avant-dernier des frères de Duguay-Trouin.

L'eau des deux bâtiments étant complétement épuisée, il fallut songer, avant tout, à s'en procurer. Duguay-Trouin s'embarqua en personne dans un canot avec son frère et une vingtaine de volontaires, afin de chercher un endroit convenable.

Le canot se dirigea vers une petite anse au fond de laquelle coulait un ruisseau; il allait aborder quand il fut accueilli par plusieurs coups de fusil partis des retranchements qui bordaient le rivage.

Aussitôt l'équipage du canot, les deux frères Trouin en tête, met pied à terre et court aux retranchements, l'épée à la main.

Les retranchements sont emportés en moins d'un instant: puis cent cinquante hommes bien armés s'étant hâtés de débarquer, au bruit de la mousqueterie, Duguay-Trouin poursuit son succès; il laisse vingt hommes à la garde des retranchements pour assurer sa retraite en cas d'insuccès et donne cinquante hommes à son frère avec ordre d'aller prendre à revers un gros bourg voisin où s'étaient repliés les ennemis, pendant qu'il l'attaquera lui-même de front avec les cent hommes qui lui restent.

Le jeune et bouillant frère de Duguay-Trouin s'élance au pas de course, renverse tout ce qui s'oppose à son passage et pénètre dans la place; mais le jeune héros est frappé d'une balle en pleine poitrine, à la tête de ses hommes, et tombe baigné dans son sang.

Duguay-Trouin de son côté s'avance, tambour

battant, sur le front des ennemis, et, brisant toute résistance, il ne tarde pas à entrer en vainqueur dans le bourg.

Aussi humain dans la victoire qu'intrépide pendant le combat, il était occupé à sauver de la fureur de ses gens quatre-vingts Espagnols qui avaient mis bas les armes, quand on vint lui apprendre que son frère était blessé mortellement.

Il demeura d'abord immobile de saisissement; puis, devenant tout d'un coup furieux, il courut, l'épée haute, sur un groupe d'Espagnols qui résistait encore, et en fit un grand carnage.

A ce moment, une troupe de cavalerie ayant paru sur les hauteurs, Duguay-Trouin reprenant aussitôt son sang-froid rassemble ses soldats et court chercher son frère.

Il le trouve couché à terre et couvert de sang. A cette vue, son désespoir se traduit en sanglots déchirants, il se jette tout en larmes sur le corps du malheureux jeune homme et l'embrasse sans avoir la force de prononcer une seule parole.

Enfin, pressé par ses officiers qui s'efforcent inutilement de le consoler, il laisse à son premier lieutenant le soin de couvrir et d'assurer la retraite, et s'embarque avec son pauvre frère qu'il fait transporter avec le plus grand soin à son propre bord.

Étienne-Trouin mourut, deux jours après, dans les bras de son frère; il mourut en homme de cœur et en chrétien.

Duguay-Trouin le fit enterrer à Viana, ville portugaise située sur la frontière d'Espagne : toute la noblesse des environs assista à ces funérailles, et notre héros trompa sa douleur en faisant rendre les plus grands honneurs à son malheureux frère ; hommage bien dû sans doute à la valeur extraordinaire de ce jeune homme !

Duguay-Trouin était extrêmement attaché à son frère, l'intrépidité naturelle et l'aimable caractère de ce jeune héros, plus encore que les liens du sang, le lui rendaient cher. Il fut extraordinairement affecté de sa perte. *J'avais l'esprit continuellement agité* (dit-il dans ses *Mémoires*) *de l'idée de mon frère expirant entre mes bras. Cette cruelle image me réveillait en sursaut toutes les nuits et pendant fort longtemps elle ne me laissa pas un moment de repos.*

Après avoir rendu les derniers devoirs à son frère, Duguay-Trouin reprit la mer pour retourner en France. Il rencontra sur sa route un vaisseau hollandais très-richement chargé qui venait de Curaçao, s'en empara et le conduisit à Brest, où il désarma ses deux vaisseaux.

Quelques jours après, le 26 septembre, le ministre Pontchartrain écrivait à l'intendant de la marine à Brest, Desclouzeaux : « .... J'ai aussy appris avec satisfaction que le sieur Duguay-Trouin ayt amené à Brest une prise considérable, ainsi que l'action de rigueur qu'il a faite sur la côte d'Espagne. »

Cet intendant, qui professait une grande estime pour la valeur de notre héros, lui offrit le commandement de trois vaisseaux qu'il se chargeait lui, Desclouzeaux, d'armer et d'équiper avec quelques autres employés de l'administration de la marine, des officiers du port et quelques fonctionnaires du Port-Louis.

Duguay-Trouin saisit l'occasion au vol, et bientôt *le Saint-Jacques-des Victoires* de quarante-huit canons, *le Sans-Pareil* de quarante-deux, et la frégate *la Leonora* furent prêts à lever l'ancre.

Il s'agissait, cette fois, d'aller attaquer la flotte de Bilbao sur les côtes d'Espagne et d'enlever les richesses considérables dont elle était chargée.

Duguay-Trouin, gardant pour lui *le Saint-Jacques-des-Victoires*, donna le commandement du *Sans-Pareil* à Jacques Boscher, son cousin et son fidèle capitaine en second.

Toutefois, avant de prendre la mer, notre héros assista au mariage de sa sœur aînée, Charlotte Trouin, qui épousa, le 10 mars, Pierre Jazier, sieur de la Garde, conseiller du roi.

Cinq jours après, le 15 mars, les trois navires appareillaient de Brest.

Le 23 du même mois, Duguay-Trouin eut connaissance de la flotte qu'il allait chercher : elle se composait d'un grand nombre de bâtiments marchands, escortés par trois vaisseaux de guerre hollandais de première force.

Duguay-Trouin, après avoir conservé pendant deux jours cette flotte, que le grand vent et l'agitation des vagues l'empêchaient d'ailleurs d'approcher de trop près, allait se hasarder à s'attaquer, avec ses deux vaisseaux et sa frégate, à ces redoutables adversaires, quand sa bonne étoile amena dans ces parages deux frégates de Saint-Malo, *l'Aigle-Noire*, de vingt-six canons, capitaine de Belle-Isle Pépin, et *la Faluère*[1], de vingt-huit canons, capitaine Dessaudrais-Dufresne : ce dernier était le doyen des capitaines corsaires de Saint-Malo.

Duguay-Trouin assembla en conseil les capitaines de ces frégates, son cousin Boscher, capitaine du *Sans-Pareil*, et le capitaine de *la Leonora;* il leur exposa son plan d'attaque.

Les trois vaisseaux de guerre hollandais se tenaient en panne au vent de leur flotte, *le Nassau* de trent-huit canons à l'avant; le vaisseau commandant, *le Delft*, de cinquante-quatre canons au milieu; et à l'arrière *l'Houslaerdick*, également de cinquante-quatre canons.

Le Delft portait le pavillon du baron de Wassenaër, contre-amiral de Hollande.

Voici comment Duguay-Trouin dispose son attaque :

Selon son habitude, il se réserve le poste le plus difficile et le plus dangereux. Il se présentera donc le premier en ligne, donnera en passant, sa bordée

1. Ces deux frégates portaient chacune deux cents hommes d'équipage; elles avaient pour armateurs les sieurs Magon de la Chipaudière et Dudemaine-Dufresne.

à *l'Houslaerdick*, puis ira aborder le commandant ennemi.

Le Sans-Pareil suivra, le beaupré sur la poupe, *le Saint-Jacques-des Victoires* et accrochera *l'Houslaerdick* aussitot que son camarade l'aura dépassé.

De leur côté, les deux frégates, *la Faluère* et *l'Aigle-Noire* s'attacheront au troisième vaisseau hollandais, *le Nassau*; puis, celui-ci enlevé, elles donneront aussitôt dans le corps de la flotte.

Enfin, la frégate *la Leonora* s'occupera uniquement de prendre les bâtiments marchands.

L'ordre du combat ainsi réglé, Duguay-Trouin donne le signal et laisse arriver sur *l'Houslaerdick*.

Mais *l'Houslaerdick* ayant appareillé sa misaine, *le Saint-Jacques-des-Victoires* ne put le dépasser et, prenant aussitôt son parti, il gouverna sur lui pour l'aborder.

A cette vue, *le Delft* arriva sur *le Saint-Jacques-des-Victoires* pour le prendre entre deux feux, mais *le Sans-Pareil*, barrant bravement le chemin à ce redoutable ennemi, couvrit son commandant et, malgré l'énorme disproportion de ses forces, aborda *le Delft* de long en long.

En même temps, *la Faluère* et *l'Aigle-Noire* attaquaient vivement *le Nassau*, et *la Léonora* donnait, comme il avait été convenu, dans le milieu de la flotte.

Le combat, ainsi engagé sur toute la ligne, ne tarda pas à devenir très-meurtrier sur tous les points, mais avec des aspects différents.

Duguay-Trouin ayant réussi à jeter la moitié de ses officiers et cent vingt de ses meilleurs soldats à bord de *l'Houslaerdick*, ce vaisseau, après une résistance des plus vives, amena son pavillon.

Aussitôt Duguay-Trouin, non content de ce premier succès, pousse au large et court au secours du *Sans-Pareil* qu'il sait aux prises avec un adversaire trois fois plus fort que lui.

Ce secours n'aurait pu arriver plus à propos; le brave capitaine Boscher venait d'être forcé de couper ses grappins et de se mettre hors de portée afin de rétablir son bâtiment tout désemparé : en effet, un boulet étant tombé sur des caisses remplies de gargousses et y ayant mis le feu, la poupe tout entière avait sauté et avec elle plus de quatre-vingts hommes, dont les corps mutilés étaient retombés dans la mer. En outre, le feu menaçait de se communiquer à la soute aux poudres et les plus grands dangers étaient à craindre.

C'est à ce moment que Duguay-Trouin s'avançait pour prendre la place de son cousin et le venger.

Le baron de Wassenaër, fier de son premier succès, accueillit son nouvel ennemi avec un terrible feu de canon, de grenades et de mousqueterie.

Quatre fois les plus braves des officiers et des soldats du *Saint-Jacques-des-Victoires* s'élancèrent sur le pont du *Delft*, leur vaillant capitaine en tête, quatre fois ils furent repoussés.

Enfin, Duguay-Trouin voyant ses gens décimés et presque découragés par cette formidable résistance, malgré ses efforts et son exemple, poussa au large afin de laisser reprendre haleine à son équipage et réparer le mieux possible le désordre du *Saint-Jacques-des-Victoires*.

Pendant ce temps, *la Faluère* et *l'Aigle-Noire* s'étaient rendues maîtresses du *Nassau* et songeaient à courir aux marchands.

Duguay-Trouin, hélant *la Faluère*, lui donna l'ordre d'arriver sur *le Delft* et d'entretenir le combat, en attendant que lui-même fût en état de revenir en ligne.

La petite frégate se présenta courageusement devant le redoutable vaisseau hollandais et lui envoya sa bordée.

Malheureusement, dès les premiers coups de canon, le brave capitaine de *la Faluère*, Dessaudrais-Dufrêne, tomba mort sur son pont : l'équipage, consterné et abattu par cette mort, n'osa plus soutenir ce combat inégal et la frégate, virant de bord, alla se mettre hors de portée, attendant de nouveaux ordres.

Duguay-Trouin la hèle aussitôt, donne l'ordre à M. de Langaran, capitaine en second, de prendre le commandement et de laisser arriver pour venger son valeureux chef.

Puis, ses principales avaries à peu près réparées et son équipage réconforté, *le Saint-Jacques-des-Victoires* retourne tête baissée, à l'abordage du *Delft* : cette fois, Duguay-Trouin était bien résolu à vaincre ou à périr.

Les deux vaisseaux s'accostent et s'entre-choquent : les Français, exaspérés par cette longue résistance se ruent en furieux sur l'équipage hollandais qui se défend avec le courage du désespoir. Une horrible et sanglante mêlée s'engage sur les gaillards et sur les ponts : on se fusille à bout portant, on se massacre à coups de haches sur un plancher de cadavres sanglants! Pas de quartier! Pas de miséricorde! c'est la guerre dans toute son horreur!

La Faluère arrive sur ces entrefaites : elle ne peut, en dépit de tous ses efforts, aborder *le Delft*, mais elle accoste *le Saint-Jacques-des-Victoires* par le travers et jette à son bord une quarantaine d'hommes.

Ce renfort décida de la victoire et termina le combat.

Tous les officiers du *Delft* étaient tués ou blessés; le contre-amiral, atteint de quatre blessures des plus dangereuses, était tombé sur son gaillard de derrière, où il fut pris les armes à la main.

De son côté, Duguay-Trouin avait chèrement acheté sa victoire; plus de la moitié de son équipage avait péri; son premier lieutenant, qui était un de ses cousins, avait été tué; tous ses autres officiers, un seul excepté, étaient ou morts ou grièvement blessés. Il ne restait à bord du *Saint-Jacques-des-Victoires* que cent cinquante-cinq hommes en état de servir.

En outre, le vaillant bâtiment, percé en plusieurs endroits par les boulets, entr'ouvert par les abordages réitérés qu'il avait fournis, coulait bas. Aussi Duguay-Trouin avait à peine pris possession du *Delft* qu'il dut s'occuper, en toute hâte, de sauver son propre vaisseau en grand danger de périr.

Une affreuse tempête vint encore aggraver la situation presque désespérée du *Saint-Jacques-des-Victoires,* et Duguay-Trouin, mal remis encore de son furieux combat, eut une victoire nouvelle et plus difficile encore à disputer à la mer soulevée.

Cinq cents prisonniers hollandais encombraient les ponts de son vaisseau, il les mit aux pompes et c'est à peine si, à force d'activité, ils suffirent à épuiser l'eau qui entrait par les brèches béantes que le canon avait faites : Duguay-Trouin, le pistolet au poing, surveillait et contenait ces nombreux prisonniers, à l'aide du seul officier qui lui restât.

Bientôt l'eau gagnant de plus en plus, il fallut jeter à la mer tous les canons du deuxième pont et des gaillards, les mâts et vergues de rechange, les boulets, les pinces de fer et jusqu'aux cages de poules.

Inutiles sacrifices! l'eau gagnait toujours; du fond de cale à l'entre-pont elle se déchargeait au roulis avec un bruit épouvantable, balayant tout sur son passage. L'extrémité devint si pressante que chacun crut le dernier moment arrivé.

Rien ne me toucha plus sensiblement, dans ce péril pressant (dit Duguay-Trouin dans ses *Mémoires*), *que l'horreur de voir cent malheureux blessés, fuyant l'eau qui les gagnait, se traîner sur les mains avec des gémissements affreux, sans qu'il me fût possible de les secourir.*

Heureusement, la côte de Bretagne n'était pas loin. Duguay-Trouin, sans cesser un instant d'activer le travail des pompes, fit gouverner, autant que les manœuvres désemparées de son vaisseau le permirent, sur la terre. Son seul espoir maintenant était d'en approcher assez pour qu'au moment où *le Saint-Jacques-des-Victoires* coulerait bas, ce qui d'intant en instant paraissait plus imminent, l'équipage, ou du moins ce qu'il restait d'hommes valides, pût arriver jusqu'à terre en s'accrochant à quelque débris.

Enfin, on gagna quelques heures encore, et bien que l'eau qui remplissait le bâtiment augmentât de plus en plus, on réussit à arriver en vue de la côte. Par un bonheur providentiel, *le Saint-Jacques-des-Victoires* ne toucha sur aucun des nombreux rochers qui rendent si dangereux les parages de Port-Louis.

Duguay-Trouin mit aussitôt un pavillon rouge sous ses bancs de hune et tira des coups de canon, de distance en distance, en signe de détresse.

Bientôt un grand nombre de bateaux et de barques arrivèrent au secours et, favorisés par le vent qui commençait à s'apaiser, vinrent accoster le vaisseau en perdition.

Le Saint-Jacques-des-Victoires était sauvé !

Des hommes frais et vigoureux remplacèrent aux pompes et dans les manœuvres l'équipage qui tombait d'épuisement, et le bâtiment victorieux, mais cruellement maltraité par sa victoire, fit son entrée au Port-Louis, aux acclamations d'une foule enthousiaste. Cette journée, le 26 mars 1697, fut l'une des plus belles de la vie de notre héros.

Le même jour, les trois vaisseaux de guerre hollandais et douze ou quinze vaisseaux marchands, qui avaient été pris par *l'Aigle-Noire* et *la Leonora*, arrivèrent au Port-Louis avec ces deux frégates et *la Faluère*.

Le Sans-Pareil arriva le lendemain ; lui aussi avait eu toutes les peines du monde à ne pas périr dans cette affreuse tempête, après avoir été sur le point d'être complétement brûlé.

Duguay-Trouin, le plus généreux des vainqueurs, avait couru, dès l'arrivée du *Delft*, pour s'informer de l'état du baron de Wassenaër, son vaillant ennemi, qu'il savait gravement blessé. Il s'empressa de mettre à sa disposition son logement, sa bourse, et tous les secours dont il pourrait avoir besoin.

Le baron de Wassenaër le remercia avec beaucoup de reconnaissance et déclina ses offres ; puis il lui dit :

« Je me serais plus aisément consolé de mon malheur, capitaine, si j'avais pu me faire porter à bord de votre vaisseau, où je suis persuadé que j'aurais reçu tous les secours et toutes les honnêtetés qui auraient dépendu de vous. »

Duguay-Trouin comprit, à ce langage, que le baron avait à se plaindre du peu d'égards que lui avait montré l'officier chargé de commander *le Delft* après la victoire, et, rempli d'indignation, il fit à cet officier les plus vifs reproches. Jamais il ne lui pardonna depuis ce manque de délicatesse, bien que ce fût un de ses parents.

« Quiconque, » disait-il à cette occasion, « n'est pas capable d'aimer et de respecter la valeur dans son ennemi, ne peut avoir le cœur bien fait. »

Et il ajoutait plus tard, quand il racontait cette glorieuse campagne :

« Un des plus sensibles chagrins que j'ai eus dans ma vie, a été de n'avoir pu témoigner, comme je l'avais désiré, à ce valeureux baron de Wassenaër, toute l'estime et toute la vénération que j'ai pour ses vertus. »

Trois jours après la rentrée du *Saint-Jacques-des-Victoires* au Port-Louis, l'intendant Desclouzeaux écrivit au ministre Pontchartrain pour lui rendre compte de cette magnifique victoire; et, sur le rapport de Pontchartrain, le roi, voulant récompenser notre héros d'une façon digne de lui, le prit à son service et le nomma capitaine de frégate légère dans la marine royale.

Duguay-Trouin se rendit immédiatement à la cour et le comte de Pontchartrain le présenta au roi, qui lui fit le plus bienveillant et le plus gracieux accueil.

Duguay-Trouin ne resta pas longtemps à la cour; la franchise et la fierté de son caractère le rendaient peu propre au métier de courtisan, mais une inclination naturelle, une admiration, une vénération toute particulière l'attachaient au roi : il est vrai que ce prince savait rendre justice au mérite et le récompenser dignement.

Le baron de Wassenaër eut aussi l'honneur d'être présenté au roi, dès qu'il fut guéri de ses blessures; il en reçut des témoignages distingués d'estime et de bienveillance.

CHAPITRE IV.

SOMMAIRE : Paix générale. — Occupations de Duguay-Trouin pendant la paix. — La guerre se rallume. — Campagne de Duguay-Trouin sur les Orcades avec *la Bellone*. — Il échappe à quinze vaisseaux de guerre hollandais. — Beau combat et prise du *Coventry*. — Duguay-Trouin, par la lâcheté de son compagnon, manque d'être coulé bas par deux vaisseaux de guerre anglais. — Prise de *l'Élisabeth* et de *l'Amazone*. — Mort du jeune Nicolas Trouin sur la frégate *la Valeur*. — Duguay-Trouin tombe dans une escadre de vingt et un vaisseaux de guerre anglais et lui échappe miraculeusement. — Il termine sa campagne en faisant cinq prises anglaises en quelques jours. — Il est nommé capitaine de vaisseau. (1697-1705.)

Duguay-Trouin, avant de quitter Versailles, avait sollicité et obtenu du roi le commandement des deux vaisseaux *le Solide* et *l'Oiseau*.

Mais il rencontra de grandes difficultés dans les armements de ses équipages, par suite d'un nouveau règlement concernant les armements particuliers, édicté le 6 octobre 1694.

En effet, malgré son nouveau titre de capitaine de frégate de la marine du roi, il ne cessa pas de commander à des vaisseaux armés par des particuliers.

Il entra lui-même, ainsi que son frère aîné, pour une grosse part dans les frais d'armement du *Solide* e tde *l'Oiseau.*

Enfin, tous les obstacles surmontés, il appareilla de Brest, de concert avec deux autres vaisseaux montés à trente canons et commandés par deux capitaines de Saint-Malo ses amis; mais il avait à peine quitté le port qu'il apprit que le roi venait de conclure la paix avec l'Angleterre et la Hollande.

Toute croisière devenant impossible, Duguay-Trouin dut rentrer à Brest et désarmer ses vaisseaux : l'armement entier se trouva perdu, et ceux qui l'avaient entrepris, Duguay-Trouin lui-même compris, essuyèrent un dommage important.

La paix dura quatre ans, de 1697 à 1701 : elle porte dans l'histoire le nom de Paix de Ryswick. Pendant ces quatre années, Duguay-Trouin passa les hivers à Brest, lieu de son département, et les étés à Saint-Malo, où, depuis les tentatives successives des Anglais sur cette ville[1], le roi envoyait

1. En 1693, les Anglais avaient tenté d'anéantir Saint-Malo à l'aide d'une *machine infernale*; c'était un long navire maçonné en dedans, chargé de barils de poudre, de poix, de soufre, et de trois cent cinquante carcasses contenant des boulets, des chaînes, des grenades, des canons de pistolets chargés, des toiles goudronnées et autres matières combustibles. Conduit à la faveur de la nuit vers les murs de la ville, le gigantesque brûlot fut par bonheur dérangé de sa route, échoua sur une roche et s'entr'ouvrit. Pressé par la circonstance, l'ingénieur y mit le feu; mais l'effet fut loin d'être complet, parce que les poudres avaient commencé à se mouiller, et que le brûlot étant incliné vers le large, les carcasses ne tombèrent pas sur la ville. Néanmoins, le ca-

tous les ans, au printemps, un corps imposant d'officiers et de soldats de marine.

Le vaillant capitaine employait les loisirs que lui laissait la paix à étudier la théorie de sa glorieuse profession et à se perfectionner dans toutes les sciences relatives à la marine.

Le reste du temps, il le passait joyeusement avec sa famille et ses amis, se livrant à son goût pour les plaisirs et pour le jeu.

On raconte même qu'il eut une querelle de jeu avec un jeune gentilhomme nommé Charles des Cognets, qui jadis avait été volontaire en même temps que lui sur *la Trinité* : les deux joueurs allèrent vider leur querelle, l'épée à la main, et des Cognets reçut deux blessures assez graves.

Cependant, on ne l'oubliait pas à la cour. Dès que la paix commença à s'ébranler, le roi nomma notre héros capitaine en second sur *la Dauphine*, magni-

bestan, pesant deux milliers, fut lancé dans la place, et écrasa une maison ; toutes les vitres de Saint-Malo furent brisées, et les toitures de trois cents maisons furent enlevées [1].

Deux ans plus tard, les Anglais renouvelèrent leur tentative. Les 14 et 15 juillet 1695, lord Barkley parut devant Saint-Malo avec cent douze voiles (vaisseaux de guerre, frégates, galiotes à bombes, brûlots, etc.), et jeta neuf cents bombes dans la ville. Dix à douze maisons seulement furent brûlées, et trente-cinq à quarante endommagées : après quoi l'amiral anglais se retira pour aller bombarder Dunkerque, que les exploits de Jean-Bart avaient signalé à la haine et à la vengeance de l'Angleterre.

1. On montre à l'hôtel de ville de Saint-Malo, dans la salle des délibérations du conseil, un tableau qui représente l'explosion de la machine infernale ; ce tableau est signé Perrot, 1840.

fique vaisseau de la marine royale, commandé par le comte de Hautefort[1].

Bientôt après, au commencement de l'année 1702, la guerre de succession d'Espagne s'étant allumée, le ministre se souvint des services que Duguay-Trouin avait rendus à l'État avec ses frégates légères; on le fit débarquer de *la Dauphine* pour lui donner le commandement de deux frégates, *la Bellone* et *la Railleuse*.

Notre capitaine prit pour lui *la Bellone*, de trente-huit canons, montée par cent cinquante-hui hommes d'équipage, et donna *la Railleuse*, de vingt-quatre canons, montée par cent dix-sept hommes, à l'un de ses parents, Nicolas Lamothe Daniel.

Les deux frégates appareillèrent de Brest, le 31 juillet, avec *le Saint-Esprit*, frégate corsaire de Saint-Malo, de trente-six canons, capitaine Alain Porée, qui rejoignit Duguay-Trouin, à sa sollicitation, pour faire campagne avec lui.

Les trois capitaines dirigèrent leur croisière sur les Orcades : ils y rencontrèrent bientôt trois vaisseaux hollandais qui venaient du Spitzberg et s'en emparèrent; mais une tempête survint qui sépara *la Bellone* de ses camarades, et poussa deux des prises hollandaises sur les côtes d'Écosse, où elles périrent.

Quand la mer fut redevenue calme, Duguay-Trouin

1. Le comte d'Hautefort avait été enseigne de vaisseau sur *le Soleil royal* avec Tourville, en 1660; il devint plus tard, en 1715, lieutenant général.

chercha à rejoindre ses camarades; mais, au lieu d'eux, il découvrit un vaisseau de guerre hollandais de 38 canons, nommé *le Saint-Jacques*, qui croisait dans ces parages afin de protéger les pêcheurs de harengs.

Ce bâtiment, se voyant aussi fort que *la Bellone*, cargua ses basses voiles et mit en panne, au lieu de plier.

Duguay-Trouin arbora aussitôt son pavillon de combat et, prolongeant sa civadière afin de faciliter l'abordage, il arriva rapidement sur le hollandais.

Mais, au moment où le beaupré de *la Bellone* allait donner dans le travers de la poupe du *Saint-Jacques*, celui-ci changea tout à coup sa manœuvre, appareilla sa misaine et arriva si promptement lui-même sur *la Bellone* qu'il lui planta son beaupré dans les grands haubans.

De cette façon, l'artillerie du *Saint-Jacques* enfilait *la Bellone* de l'avant à l'arrière et celle-ci ne pouvait lui riposter que par les deux canons de son avant.

Duguay-Trouin était perdu s'il n'avait trouvé dans son expérience et dans son courage une inspiration rapide et énergique. En effet, il n'y avait pas un moment à perdre et l'alternative était précise : il fallait vaincre ou couler bas. Duguay-Trouin vainquit.

Animant son équipage par quelques paroles enflammées, il se met à sa tête et s'élance l'épée haute sur le pont du *Saint-Jacques* : son frère, Nicolas Trouin[1], qui servait sur *la Bellone* en qualité de lieutenant en premier, le devance et saute le premier sur le gaillard ennemi, où il renverse à ses pieds un officier hollandais. Le reste de l'équipage suit ce vaillant jeune homme et il ne reste sur *la Bellone* qu'un seul pilote avec quelques timoniers et les mousses.

En moins d'une demi-heure, la victoire de Duguay-Trouin était complète : le capitaine et tous les officiers du *Saint-Jacques* avaient péri.

Ce brillant combat était à peine terminé que le vainqueur dut gagner au plus tôt un port de l'île d'Islande, afin d'y rétablir *la Bellone* qui avait reçu deux coups de canon dans sa fosse aux lions, quatre autres dans ses mâts de beaupré et de misaine, et trois dans son grand mât.

Quelques jours après, un violent coup de vent força Duguay-Trouin de remettre précipitamment à la voile, sous peine de périr à l'ancre; il laissa toutefois dans le port *le Saint-Jacques*, qui en sortit peu après pour aller se briser sur les côtes d'Écosse.

Un autre vaisseau hollandais tomba encore au pouvoir de Duguay-Trouin, mais sans plus de profit que les précédents : en effet, la violence du vent le fit couler bas et si rapidement que notre héros

1. Nicolas Trouin, le plus jeune des frères de Duguay-Trouin, était né vers 1688. Il avait donc alors dix-huit ans.

ne put sauver qu'une partie de l'équipage ; encore eut-il beaucoup de peine et fut-il obligé de s'exposer lui-même aux plus graves périls.

Rebuté par ces continuelles tempêtes et n'espérant plus rejoindre *la Railleuse* et *le Saint-Esprit* Duguay-Trouin prit le parti d'aller terminer sa croisière à l'entrée de la Manche.

Une tempête, plus effroyable que les précédentes, le mit encore une fois face à face avec la mort. Il perdit au milieu de la tourmente, qui dura toute une longue nuit, son mât de beaupré, son mât de misaine et son grand mât de hune. Ce fut par un véritable miracle que *la Bellone* échappa à ce terrible danger et réussit à gagner Brest.

De leur côté, *la Railleuse* et *le Saint-Esprit* n'avaient guère été plus heureuses. Le brave capitaine Porée ayant rencontré un vaisseau de guerre hollandais, l'avait abordé avec la plus audacieuse valeur ; mais, au moment de l'enlever, il avait reçu dans le bas-ventre une blessure extrêmement grave et, presque au même moment, un boulet de canon lui avait emporté un bras : son équipage, découragé, avait poussé au large et le capitaine en second, François Bézard, avait ramené *le Saint-Esprit* à Nantes, où il était arrivé le 10 septembre : par un hasard providentiel le brave capitaine Porée devait survivre à ses blessures.

Quant à *la Railleuse*, elle avait eu horriblement à souffrir des mauvais temps ; portée par la tempête jusque sur la côte de Lisbonne, elle avait dû relâcher dans cette ville ; puis, elle en était sortie pour revenir en France et était rentrée à Brest sans avoir pu faire aucune prise.

L'année suivante (1703), le roi chargea Duguay-Trouin d'aller détruire la pêche des Hollandais sur les côtes du Spitzberg avec les trois vaisseaux *l'Éclatant*, *le Furieux* et *le Bienvenu*.

L'Éclatant, magnifique vaisseau percé à soixante-six canons et monté à cinquante-huit, était un marcheur excellent ; il avait cinq cent soixante dix-sept hommes d'équipage.

Le Furieux, percé à soixante-deux canons et monté à cinquante-six, avait quatre cent cinquante-six hommes d'équipage.

Le Bienvenu enfin, de trente canons, avait deux cent trente-neuf hommes à bord.

Duguay-Trouin mit son pavillon sur *l'Éclatant*, et donna le commandement du *Furieux* à M. Desmarais-Herpin, lieutenant de port, et celui du *Bienvenu* à M. Desmarques, lieutenant de vaisseau de la marine royale.

Le 20 mai, les trois vaisseaux sortirent de la baie de Berthaume et allèrent croiser sous le cap Clare ; ils y firent six prises anglaises qu'ils ramenèrent au port, moins l'une d'entre elles qui coula bas.

Le 28 juin, deux frégates corsaires de Saint-Malo, *le Murinais* de trente canons, capitaine Dujardais-Daniel [1], et *le Natal*, de vingt-huit canons,

1. François Daniel, sieur Dujardais, était cousin germain de Duguay-Trouin. Sa mère, Jeanne Trouin, demoiselle du Pré,

capitaine Fouquet, étant venues rejoindre Duguay-Trouin à Brest, notre héros se trouva de la sorte à la tête d'une petite escadre.

Il alla établir sa croisière à la hauteur des Orcades, sur l'avis qu'il avait reçu que quinze vaisseaux marchands hollandais, revenant des Indes orientales, devaient passer par ces îles.

Effectivement, le 7 juillet, il découvrit, à travers la brume, quinze voiles sur lesquelles il se dirigea immédiatement.

Mais, quand le brouillard se fut dissipé, il reconnut que ces quinze voiles étaient quinze gros vaisseaux de guerre hollandais chargés précisément de croiser au-devant de la flotte marchande qu'il était venu chercher.

Quand Duguay-Trouin s'aperçut de cette méprise, il était trop près de l'ennemi pour espérer lui échapper : cependant, fort de la marche excellente de son vaisseau, il vira de bord et mit toutes ses voiles au vent.

Malheureusement ses compagnons et surtout *le Furieux* et *le Bienvenu*, assez mauvais marcheurs, restaient en arrière, et cinq ou six vaisseaux hollandais, qui s'étaient détachés de l'escadre, les joignaient à vue d'œil.

était la tante de notre héros : elle avait épousé, le 6 août 1673, Nicolas Daniel. Deux mois avant son mariage, le 10 juin 1673, elle assistait à l'ondoiement du futur capitaine et signait à l'acte qui en fut dressé, ainsi qu'on peut le voir à l'état civil de Saint-Malo.

Ils allaient infailliblement être pris, lorsque Duguay-Trouin ne pouvant se résoudre à les abandonner dans ce péril pressant, sans rien faire pour les sauver, cargua tout à coup ses basses voiles et vint se placer à l'arrière des deux vaisseaux menacés, entre eux et les Hollandais, faisant, en cette occasion, comme il le disait, *l'office du bon pasteur qui se dévoue pour ses brebis.*

Aussitôt un gros vaisseau de soixante canons, qui tenait la tête de l'escadre ennemie laissa arriver sur *l'Éclatant,* le joignit à portée de pistolet et engagea le feu avec lui.

Par un bonheur tout à fait inespéré, Duguay-Trouin en trois ou quatre bordées de canon et de mousqueterie, envoyées à bout pourtant, réussit à démâter son adversaire de tous ses mâts et à le raser comme un ponton.

Ce que voyant, quatre autres vaisseaux hollandais, qui s'attachaient à poursuivre *le Furieux* et *le Bienvenu*, les abandonnèrent pour aller secourir et venger leur camarade.

Duguay-Trouin les attendit tranquillement, et, les saluant l'un après l'autre de quelques volées de canon, il les amusa pour donner le temps à ses deux compagnons de gagner au large. Puis, quand il vit que ceux-ci avaient une avance suffisante, il fit de la voile et se mit, en fort peu de temps, hors de la portée de l'escadre hollandaise qui demeura toute penaude. Il rejoignit *le Furieux*, *le Bienvenu* et les deux frégates avant la nuit.

Cette affaire délicate montre quel habile manœuvrier était Duguay-Trouin, en même temps qu'elle témoigne à quel degré notre héros poussait le dévouement à ses compagnons : il fut, du reste, fort remarquablement secondé, en cette circonstance, par son capitaine en second, le chevalier de Courserac, lieutenant de vaisseau, dont nous retrouverons souvent maintenant le nom dans cette histoire.

Duguay-Trouin n'eut dans cette affaire que trente hommes hors de combat : *ce fut cependant* (dit-il dans ses *Mémoires*) *de toutes les affaires où il se trouva, celle dont il restait intérieurement le plus flatté, parce qu'elle lui paraissait la plus propre à lui attirer l'estime des cœurs vraiment généreux.*

La petite escadre, remise de cette chaude alerte, se dirigea sur les côtes du Spitzberg, où elle arriva le 30 juillet: elle y prit vingt vaisseaux baleiniers, en rançonna ou brûla quarante, et en coula bas six autres; et, sans les brouillards qui sont si fréquents dans ces parages, elle en eût détruit bien davantage.

Toutefois Duguay-Trouin faillit périr sur un banc de sable, en allant chercher deux cents baleiniers qu'il savait à l'ancre dans le port de Grovenhave. Quant il se fut tiré de ce mauvais pas et qu'il se présenta devant le port, les deux cents baleiniers en étaient partis sous l'escorte de deux vaisseaux de guerre l'un de soixante canons, l'autre de quarante.

Au milieu de ces brouillards presque continuels, il arriva une assez plaisante aventure aux équipages de l'escadre française.

Chacun sait qu'à bord des vaisseaux l'on se servait, à cette époque, pour avoir l'heure, de sabliers que le timonier retournait toutes les demi-heures.

Or le quart étant de quatre heures, il fallait donc que le timonier eût retourné huit fois le sablier pour que la moitié de l'équipage vînt relever celle qui était de service sur le pont.

Il arriva que, pour abréger la faction, assez pénible dans ces parages où le froid est fort rigoureux, les timoniers imaginèrent de retourner assez souvent le sablier, avant que le sable en fût entièrement écoulé; on appelle, en langage de marin, cette petite manœuvre assez ordinaire, paraît-il, aux timoniers : *manger du sable.*

Dans le cas présent il était impossible de rectifier l'erreur qui résultait de cette petite fraude à cause des brouillards qui pendant neuf jours entiers cachèrent la vue du soleil : d'ailleurs, à cette latitude et à ce moment de l'année, les jours et les nuits sont également éclairés, le soleil ne se couchant pas, pour ainsi dire.

Les timoniers de l'escadre *mangèrent* donc *tant de sable* qu'ils en étaient arrivés, au bout de ces neuf jours, à faire du jour la nuit et de la nuit le jour; de sorte que tout le monde avait envie de dormir quand il était l'heure de dîner, et tout le monde avait faim quand il était l'heure de se coucher. Personne n'y comprenait plus rien et ce ne fut qu'au moment où le soleil reparut, qu'on put s'expliquer cette confusion : on trouva qu'il y avait onze heures d'erreur.

Enfin, après être resté deux mois dans ces parages, la saison commençant d'ailleurs à s'avancer, Duguay-Trouin dut songer à regagner la France avec ses prises.

Malheureusement cette longue traversée ne se fit pas sans que les bénéfices de sa fructueuse croisière ne fussent singulièrement compromis. Le 25 août l'escadre essuya de violents coups de vent qui dispersèrent les vingt baleiniers : deux ou trois firent naufrage, quelques autres furent repris, de sorte que Duguay-Trouin ne put en conduire qu'une quinzaine dans la rivière de Nantes, avec un vaisseau anglais, chargé de sucre, qu'il avait rencontré et pris à l'entrée de la Manche.

L'Éclatant, *le Furieux*, *le Bienvenu* et *le Murinais*, mouillèrent au Port-Louis le 27 septembre; de là ils se rendirent à Brest.

Quant au *Natal*, il était entré dans la Vilaine.

C'est ainsi que se termina cette audacieuse et magnifique campagne.

L'année suivante (1704), Duguay-Trouin sollicita du roi et obtint l'autorisation de faire construire à Brest deux vaisseaux de cinquante-quatre canons et une corvette de huit canons, destinée à servir de découverte.

Il fournit lui-même les plans de ces vaisseaux et

il en surveilla la construction avec le plus grand soin : aussi ces deux vaisseaux, qu'il nomma *le Jason* et *l'Auguste*, furent-ils excellents de tout point, et disposés admirablement pour résister aux longues traversées et aux combats sans nombre auxquels devait les exposer le vaillant capitaine.

Duguay-Trouin, gardant pour lui *le Jason*, magnifique vaisseau monté par quatre cent trente-huit hommes d'équipage, donna à l'ancien capitaine *du Bienvenu*, Desmarques, le commandement de *l'Auguste*, monté par quatre cent dix-neuf hommes, et celui de la corvette, montée par cinquante-cinq hommes et nommée *la Mouche*, à M. de Launay-Gravé [1].

Duguay-Trouin appareilla de Brest et dirigea sa croisière sur les îles Sorlingues, à l'extrémité sud-est des côtes d'Angleterre. Ces îles servent d'atterrage aux nombreux vaisseaux qui reviennent de la pêche, et par suite elles sont fréquentées par les bâtiments de guerre, chargés de protéger leurs nationaux.

Un garde-côte anglais de soixante-douze canons, nommé *la Revanche*, ayant aperçu *le Jason*, qui se trouvait à trois lieues en avant de ses camarades, s'avança à portée de canon pour le reconnaître, mais celui-ci ayant manœuvré pour arriver sur l'anglais et l'abor der, le garde-côte se ravisa et prit chasse.

Duguay-Trouin s'attachant à le poursuivre le joignit à portée de fusil et le combattit à outrance,

1. *Alias* de Bourgneuf-Gravé.

trois heures durant : mais *la Revanche* parvint à éviter l'abordage *du Jason* et à se réfugier dans un port des Sorlingues. Duguay-Trouin, après ce combat sans résultat, dut virer de bord et rejoindre ses camarades.

Quelques jours après, *la Revanche*, désireuse de venger sa défaite, quitta son refuge, en compagnie d'un autre vaisseau de guerre anglais, *le Falmouth*, de cinquante-quatre canons. La corvette *la Mouche*, s'étant trouvée sur le chemin de ces deux vaisseaux, tomba en leur pouvoir; après quoi, ceux-ci, se contentant de ce succès médiocrement glorieux, regagnèrent leur mouillage.

Il est probable qu'ils firent sagement : car ils n'eussent pas eu aussi bon marché de *l'Auguste* et surtout *du Jason*.

Pendant que sa pauvre corvette se faisait prendre, Duguay-Trouin qui tenait la mer à quelques lieues de là avec son camarade, avait connaissance d'une flotte marchande de trente voiles qui sortait de la Manche, sous l'escorte d'un vaisseau de guerre anglais de cinquante-quatre canons.

Notre héros, laissant à *l'Auguste* le soin de donner dans la flotte, gouverna à toutes voiles sur le vaisseau de guerre, qui se nommait *le Coventry*.

Après un premier abordage, qui ne manqua que par la précipitation des manœuvres *du Jason*, Duguay-Trouin revint à la charge et, plus heureux cette fois, il réussit à jeter les grappins dans les haubans de l'ennemi. De ce moment, la victoire était gagnée. En effet *le Coventry*, bien qu'il fût monté par un équipage d'élite et commandé par un capitaine des plus braves, essaya en vain de se défendre : au bout de trois quarts d'heure de combat, il dut amener son pavillon.

De son côté, *l'Auguste* ne perdait pas son temps ; il amarinait douze marchands richement chargés et, sans la nuit qui survint, il en eût amariné bien davantage.

Le lendemain, en conduisant ses treize prises à Brest, Duguay-Trouin rencontra sur sa route *la Revanche* et *le Falmouth* avec *la Mouche*, qu'ils traînaient à la remorque.

A cette vue, bouleversé jusqu'au fond de l'âme, il mit toutes ses voiles au vent pour joindre les deux vaisseaux de guerre anglais et leur livrer combat. Bien qu'il se fût considérablement dégarni en composant un équipage à chacune de ses prises, il ne balança pas un instant à courir les chances d'un engagement désavantageux pour reprendre sa pauvre *Mouche*.

Mais *le Falmouth* et *la Revanche*, loin d'accepter le combat, prirent honteusement la fuite. Duguay-Trouin leur appuya la chasse jusqu'à la nuit : puis, virant de bord, il rejoignit ses prises et rentra avec elles à Brest.

Il resta quelque temps à Brest, et s'occupa d'y faire construire, avec l'autorisation du roi, une frégate de vingt-six canons, à laquelle il donna le nom de *la Valeur*.

Toutefois il n'attendit pas qu'elle fût prête pour remettre à la voile : il reprit la mer avec son *Jason*, *le Bienvenu* et deux frégates de vingt et de vingt-six canons qui vinrent se joindre à lui.

Peu de jours après son appareillage, il rencontra trois bâtiments marchands anglais à la hauteur du cap Lézard et s'en empara.

Mais, pendant que sa chaloupe allait amariner ces trois prises, avec deux officiers et soixante des meilleurs matelots du *Jason*, deux gros vaisseaux de guerre parurent tout à coup et laissèrent arriver sur nos corsaires avec une telle promptitude que ceux-ci eurent à peine le temps de se préparer au combat.

Néanmoins, et bien qu'il n'ait pu reprendre ses soixante matelots d'élite, Duguay-Trouin donna le signal de l'attaque, et, courant à la rencontre du plus gros des vaisseaux ennemis, il se présenta pour l'aborder.

Celui-ci, nommé *le Rochester* et monté à soixante-six canons, attendit que *le Jason* fût arrivé à portée de pistolet et lui envoya une bordée de canon chargée de mitraille.

Cette terrible bordée hacha toutes les voiles de l'avant du *Jason*, qui se coiffèrent alors sur les mâts et mirent le vaisseau dans l'impossibilité de manœuvrer : *le Rochester* eut donc le temps de lui envoyer une seconde bordée qui, l'enfilant de l'arrière à l'avant, endommagea tous ses mâts, coupa en deux sa vergue du grand hunier, perça en plusieurs endroits sa grande voile et lui mit enfin bon nombre de gens hors de combat.

Duguay-Trouin, malgré la rudesse de cet accueil, ne perdit pas la tête : il envoya, à son tour, sa bordée à son redoutable adversaire, puis, gouvernant vent arrière aussi promptement qu'il put, il gagna au large afin de se rétablir quelque peu. Il dut essuyer toutefois, en passant, le feu du second vaisseau anglais, *le Modéré*, de cinquante-six canons, que *l'Auguste* se contentait de canonner de loin.

Tout en remettant un peu d'ordre dans ses manœuvres, Duguay-Trouin fit signal à *l'Auguste* de le joindre, afin de revenir à la charge avec lui.

Mais *l'Auguste*, jugeant sans doute *le Jason* perdu et peu soucieux de partager son sort, laissa lâchement son camarade se tirer d'affaire tout seul : de leur côté, les deux frégates, voyant les deux vaisseaux de guerre se rapprocher *du Jason* pour le prendre entre deux feux, suivirent l'exemple de *l'Auguste* et s'éloignèrent précipitamment avec les trois prises.

Outré de cette lâcheté, Duguay-Trouin, tout en échangeant des bordées avec *le Rochester* et *le Modéré*, laisse arriver sur *l'Auguste* qui n'avait pas encore eu le temps de gagner une avance considérable et lui tire un coup de canon à balle : il était fermement décidé à cesser son feu sur les Anglais et à couler bas son indigne camarade, lorsque celui-ci se décida enfin à carguer ses voiles et à l'attendre.

Aussitôt que les Anglais virent *le Jason* et *l'Auguste* réunis, ils cessèrent d'eux-mêmes le combat, et s'éloignèrent après avoir envoyé chacun une dernière bordée à *l'Auguste* en signe de mépris.

L'inqualifiable conduite du capitaine Desmarques était d'autant plus incompréhensible que, la campagne précédente, dans une circonstance analogue, Duguay-Trouin s'était exposé lui-même aux plus grands dangers pour sauver *le Bienvenu* qui montait alors cet officier.

Justement révolté de cette ingratitude et de cette couardise, qui non-seulement avaient failli causer sa perte, mais qui aussi l'avaient empêché de s'emparer de ces deux beaux vaisseaux anglais, Duguay-Trouin, dès son arrivée à Brest, demanda le remplacement du capitaine de *l'Auguste*.

Mais cet officier était bien protégé, il fut maintenu dans son commandement jusqu'à la fin de la campagne[1].

Duguay-Trouin fut si piqué de ce déni de justice qu'il songea un instant à quitter le service.

Heureusement son amour pour son roi et pour son pays et l'attachement qu'il avait pour son glorieux métier furent plus forts que son ressentiment.

1. Ce Desmarques, officier d'état-major, était, en 1693, enseigne à bord du *Soleil royal*, portant le pavillon du comte de Tourville; il était protestant.

Cependant, préférant se voir sous les ordres d'un brave capitaine que commander lui-même à des gens sur lesquels il ne pouvait compter, notre héros acheva la campagne avec *le Protée*, capitaine de Roquefeuille ; les deux bâtiments ne firent du reste aucune rencontre digne de remarque et ils rentrèrent bientôt à Brest désarmer.

Au printemps de l'année suivante (1705), ce fut le chevalier de Nesmond qui remplaça le capitaine Desmarques dans le commandement de *l'Auguste*.

Duguay-Trouin monta de nouveau son bon vaisseau *le Jason*, complétement rétabli et caréné de frais, et donna le commandement de *la Valeur*, cette frégate qu'il avait fait construire à Brest l'année précédente, à son jeune frère, Nicolas Trouin, dont il avait pu apprécier le courage héroïque et la précoce expérience. *La Valeur*, montée à vingt-six canons, portait cent soixante-douze hommes d'équipage.

Le Jason, *l'Auguste* et *la Valeur* mirent ensemble à la voile et allèrent établir leur croisière à l'entrée de la Manche et sur les côtes d'Angleterre, à l'est des Sorlingues et au sud de Plymouth : ils eurent bientôt connaissance de deux vaisseaux de guerre qui laissèrent arriver vent arrière sur eux.

Duguay-Trouin leur épargna la moitié du chemin et courut à la rencontre du plus gros de ces deux vaisseaux, *l'Elisabeth* de soixante-douze canons qui portait le pavillon de commodore ; tandis que Nicolas Trouin et le chevalier de Nesmond s'attachaient au second, nommé *le Chatam* et monté à cinquante-quatre canons.

Le Jason, s'étant présenté pour aborder *l'Elisabeth* de bâbord, lui envoya bordée sur bordée à bout portant et la démâta de son petit mât de hune.

Malheureusement la fumée, soulevée par un feu bien nourri, mit un peu d'indécision dans les manœuvres et *le Jason*, dépassant dans sa course d'une portée de pistolet son adversaire, manqua son abordage.

L'Elisabeth, profitant de cette circonstance, arriva par la poupe du *Jason* et lui envoya sa bordée de tribord.

Mais Duguay-Trouin lui risposta vivement par un feu continuel de mousqueterie et se présenta pour un second abordage.

Cette fois, toutes les mesures étaient prises pour que l'abordage ne manquât point : les grappins étaient tout prêts ; sur le plat-bord du *Jason*, l'équipage, ses officiers en tête, était rangé le sabre et la hache d'abordage à la main.

Le capitaine de *l'Elisabeth*, terrifié par la contenance intrépide et résolue de nos corsaires, perdit l'espoir de leur résister et amena son pavillon.

Le combat avait duré une heure et demie.

Pendant ce temps, *l'Auguste* et *la Valeur*, moins heureux, tentaient sans succès d'aborder *le Chatam*, qui, parfait marcheur et habilement commandé, sut toujours se maintenir à distance de ses deux adversaires. Dès que *l'Elisabeth* se fut rendu, *le Chatam* mettant toutes ses voiles au vent, gagna au large et s'éloigna.

Duguay-Trouin s'en étant aperçu, laissa le soin d'amariner *l'Elisabeth* à *la Valeur* et à *l'Auguste*, qui marchaient moins bien que *le Jason* et appuya chasse au *Chatam*, toutes voiles dehors.

Le Chatam était un des meilleurs vaisseaux de la flotte anglaise, et Duguay-Trouin, malgré tous ses efforts, ne put l'approcher plus près que la portée de fusil : il le canonna vigoureusement, mais sans grands résultats, jusqu'en vue des côtes d'Angleterre ; puis, la nuit survenant, il vira de bord et rejoignit ses camarades et sa prise.

Le lendemain il s'éleva une violente tempête qui sépara *le Jason* de *l'Auguste* et de *la Valeur* et jeta *l'Elisabeth* sur les côtes de Bretagne, où elle faillit se briser.

La mer s'étant apaisée, Duguay-Trouin rallia *l'Auguste* et *l'Elisabeth*, mais il ne put joindre *la Valeur*, que la tempête avait emportée au large.

Il l'attendit vainement pendant quelques jours, puis se décida à regagner Brest.

Chemin faisant, il découvrit sous le vent deux corsaires flessinguois qui, en l'apercevant, mirent imprudemment en panne, à une portée de fusil l'un de l'autre.

Le Jason, que l'ardeur de son capitaine, autant que sa marche supérieure, entraînait toujours en avant de son camarade, gouverna droit aux deux corsaires, donna, en passant, toute sa bordée de canon et de mousqueterie au plus fort des deux, percé de quarante canons et nommé *l'Amazone*, puis, laissant à *l'Auguste* qui s'avançait à toutes voiles le soin d'achever sa défaite, il courut sur le second corsaire, monté à trente-six canons, qui prenait chasse en voyant comment tournaient les choses.

De son côté, *l'Amazone* moins endommagée par l'attaque de Duguay-Trouin que celui-ci ne l'avait espéré, put aussi faire de la voile et prendre chasse, avant que *l'Auguste* eût eu le temps de l'aborder.

A cette vue, Duguay-Trouin revint sur *l'Amazone*, et le rejoignant bientôt, le couvrit de mitraille et de mousqueterie.

Le capitaine corsaire, homme déterminé, riposta de son mieux, puis prenant lui-même l'offensive, il eut l'incroyable audace de laisser arriver sur *le Jason* pour l'aborder : mais il avait affaire à plus brave encore que lui.

Duguay-Trouin, en voyant la manœuvre du corsaire, cesse son feu, pousse son gouvernail au vent, puis faisant prendre à tout son monde la hache et le sabre à la main il présente fièrement le flanc à l'abordage de son adversaire.

Celui-ci, singulièrement refroidi par cette ferme contenance, vire soudainement de bord et pousse au large.

Aussitôt Duguay-Trouin reprenant l'offensive,

lâche au corsaire toute sa bordée, chargée à double charge, puis lui envoie encore coup sur coup et à bout portant trois autres bordées qui prenant la pauvre *Amazone* en écharpe, la démâtent de tous ses mâts et la laissent rase comme un ponton.

Il fallut bien que l'enragé capitaine amenât son pavillon : il y avait près de deux heures que durait sa résistance.

Je le remarquais dans le combat (dit Duguay-Trouin dans ses *Mémoires*), *se portant, le sabre à la main, la tête levée de l'arrière à l'avant de son vaisseau, essuyant une grêle de coups de fusil, dont son chapeau et ses habits furent percés en plusieurs endroits : aussi me fis-je un vrai plaisir de le traiter avec toute la distinction que méritait sa valeur.*

Le chevalier de Nesmond, qui de son côté s'était attaché au second corsaire et l'avait poursuivi assez longtemps sans pouvoir le joindre, avait dû y renoncer et revenir rallier son commandant.

Peu de jours après, *le Jason* et *l'Auguste*, suivis de *l'Elisabeth* et de *l'Amazone*, entraient en rade de Brest.

Quant à *la Valeur*, emportée assez loin au large par la violence de la tempête, elle avait rencontré sur sa route un corsaire de Flessingue, aussi fort de canons et d'équipage qu'elle, l'avait attaqué vivement, l'avait démâté de son mât de hune et enfin, après un long et sanglant abordage, l'avait enlevé.

Peu après, pendant que Nicolas Trouin s'occupait

de rétablir quelque peu les manœuvres de son vaisseau, deux autres corsaires, de trente-six canons chacun, attirés par le bruit du canon, avaient paru à l'improviste et, fondant sur *la Valeur*, l'avaient contrainte à abandonner sa prise et à se réfugier à Saint-Jean de Luz.

En quittant ce refuge pour retourner à Brest, *la Valeur* avait rencontré un bon vaisseau anglais chargé de sucre et d'indigo et l'avait amariné.

Malheureusement une frégate corsaire de quarante-quatre canons l'aperçut et, courant sur elle, voulut lui faire abandonner sa prise.

Nicolas Trouin, digne frère de notre héros, n'hésita pas, bien que son vaisseau eût été gravement maltraité dans les rencontres précédentes et son équipage considérablement réduit, à accepter un combat inégal.

Il riposta vaillamment au feu du corsaire, essuya sans plier deux abordages successifs, puis, prenant l'offensive, il délogea, par un feu de mousqueterie bien dirigé, tout ce qui se montrait de combattants sur les ponts et les gaillards de l'ennemi, et l'aborda à son tour.

Déjà, les plus déterminés de ses hommes renversant tout ce qui résistait, la victoire paraissait assurée, lorsque l'infortuné jeune homme reçut à la hanche une balle qui le renversa mortellement blessé sur son pont.

La Valeur, privée de son capitaine, vira de bord et poussa au large, sans que l'ennemi osât profiter de ce funeste accident pour reprendre ses avantages.

Quand *la Valeur* arriva à Brest, suivie de sa prise, Nicolas Trouin était mourant.

Duguay-Trouin apprend l'affreuse nouvelle, court au port et se jette sur le corps de son malheureux frère. Puis, quand la raison reprend son empire sur cette vaillante âme, il aide lui même à descendre le mourant dans une chaloupe garnie de matelas et, sans le quitter un instant, il le fait débarquer à terre avec les plus grands ménagements.

Ce fut en vain que tous les secours de l'art furent prodigués au jeune héros. Quelques jours après, il expirait dans les bras de son frère désolé, en donnant l'exemple de la plus admirable fermeté.

Duguay-Trouin, chez lequel cette mort cruelle réveilla le souvenir de son autre frère, Étienne Trouin, mort cinq ans auparavant dans des circonstances analogues, fut longtemps à se remettre de son chagrin.

Il ne fallut pas moins, pour l'arracher à son affliction, que la magnifique occasion qui lui fut offerte de prendre part à une glorieuse campagne et de se distinguer sous les yeux d'un commandant illustre.

Il s'agissait de se joindre à une escadre de dix-sept vaisseaux de guerre qui allait sortir de Brest sous le commandement du marquis de Coëtlogon, lieutenant général des armées navales, pour aller combattre vingt et un vaisseaux de guerre anglais qui barraient l'entrée de la Manche.

Le marquis de Coëtlogon, qui faisait le plus grand cas de notre héros, l'invita à presser l'armement de son fidèle *Jason*, afin de rallier l'escadre.

Duguay-Trouin, plein de zèle et d'ardeur, se mit promptement en état d'appareiller.

Mais pendant ce temps le comte de Chateaurenault, qui commandait la marine à Brest, réunissait un conseil pour délibérer s'il était opportun d'aller s'attaquer à l'ennemi avec les forces dont l'on disposait : le conseil s'arrêta au parti le plus prudent, et l'escadre reçut l'ordre de rentrer au port.

Duguay-Trouin fut extrêmement mortifié de voir s'échapper cette occasion d'acquérir une gloire nouvelle sous les ordres de l'un des meilleurs marins du temps ; il accusa avec amertume le conseil de guerre de pusillanimité.

« J'ai remarqué, disait-il, que le sort de presque tous les conseils de guerre qui ont été tenus dans la marine a été de choisir le parti le moins honorable et le moins avantageux. Ainsi, je mourrai persuadé que, dans les occasions où le péril est grand et le succès incertain, c'est au commandant à décider, sans assembler de conseil, et à prendre sur lui le risque des bons ou des mauvais événements : autrement, la nature qui abhorre sa destruction, suggère imperceptiblement à la plupart des conseillers tant de raisons plausibles sur les inconvénients à craindre que le résultat est toujours de ne point combattre, parce que la pluralité des voix l'emporte. »

A la fin du mois de juillet, *le Jason* et *l'Auguste* mirent à la voile de compagnie et se dirigèrent vers l'entrée de la Manche. C'était encore le chevalier de Nesmond qui montait *l'Auguste*.

En même temps, M. de Saint-Auban, ancien capitaine en second du *Jason*, avait ordre de mettre en état *la Valeur*, la frégate de Nicolas Trouin, d'en prendre le commandement et de rejoindre avec elle *l'Auguste* et *le Jason*.

Le 30 juillet, à la pointe du jour, Duguay-Trouin se vit à portée de fusil d'un vaisseau de guerre anglais de 54 canons, qu'il reconnut être *le Chatam*, ce vaisseau si bon marcheur qui lui avait échappé, la campagne précédente, lors de la prise de *l'Elisabeth*.

Le capitaine du *Chatam* reconnut aussi de son côté à qui il avait affaire, et, se souciant peu de s'attaquer à si forte partie, il prit chasse aussitôt.

Duguay-Trouin, bien résolu de ne pas le laisser échapper une seconde fois, mit toutes ses voiles au vent et le rejoignit promptement. Puis, il manœuvra de façon à le mettre entre *l'Auguste* et *le Jason*, afin de l'accabler.

Cette manœuvre réussit parfaitement et le chevalier de Nesmond ouvrant le feu, envoya bordée sur bordée à l'anglais, pendant que Duguay-Trouin, ordonnant à tout son monde de se coucher sur le pont, arrivait par le travers du *Chatam* sans tirer un seul coup de canon : il allait l'aborder et l'eût infailliblement enlevé, quand tout à coup la vigie signala à l'horizon plusieurs vaisseaux qui arrivaient, toutes voiles dehors.

Duguay-Trouin reconnut l'escadre anglaise de 21 vaisseaux de guerre que le marquis de Coëtlogon avait failli combattre.

Il n'y avait pas un moment à perdre. Duguay-Trouin fait signal à son camarade de cesser le feu et de le rejoindre; puis, tous deux virent de bord et prennent chasse au plus vite, laissant *le Chatam* incommodé au point d'être obligé de mettre à la bande.

Mais l'escadre anglaise, composée des meilleurs vaisseaux d'Angleterre, frais carénés, gagnait de moment en moment sur les deux vaisseaux français. *L'Auguste* surtout, qui allait beaucoup moins bien que *le Jason*, perdait visiblement du terrain.

En vain le chevalier de Nesmond, pour alléger son vaisseau, jeta-t-il à la mer ses ancres, sa chaloupe, ses mâts et ses vergues de rechange, l'ennemi gagnait toujours de plus en plus sur lui.

A 5 heures du soir, *l'Auguste* fut enfin rejoint a portée de canon, et *le Jason* le fut bientôt également, bien qu'il eût pu pousser au large et s'échapper, grâce à sa marche supérieure. Mais Duguay-Trouin, selon sa constante habitude, n'avait pu se résoudre à laisser son camarade se tirer tout seul d'affaire.

Au dernier moment cependant, quand il reconnut que ses deux vaisseaux étaient dans l'impossibilité matérielle de se sauver ensemble, il songea à la possibilité de sauver au moins l'un ou l'autre. Quittant donc *l'Auguste*, en lui donnant l'ordre d'aller l'attendre sur les côtes de Bretagne, s'il avait la chance d'échapper aux Anglais, il tira de son côté et fit de la voile.

Il espérait que l'escadre anglaise, voyant les deux vaisseaux s'échapper chacun de leur côté, et ne voulant pas se diviser, à cause des 17 vaisseaux de guerre du marquis de Coëtlogon qui pouvaient sortir de Brest d'un moment à l'autre, s'attacherait seulement à donner chasse à l'un des deux vaisseaux et laisserait l'autre.

Peut-être même, si l'escadre donnait la préférence au *Jason*, que sa marche supérieure rendait capable de défier le meilleur des 21 vaisseaux anglais, les deux français pourraient-ils se tirer tous deux de ce pas difficile.

Malheureusement la manœuvre de l'escadre anglaise détruisit les espérances de Duguay-Trouin. Contrairement à ce qu'il avait pensé, six vaisseaux anglais se détachèrent pour appuyer chasse à *l'Auguste* et les quinze autres arrivèrent sur *le Jason*.

Un de ces derniers, *le Honster* monté à 64 canons, prit l'avance sur ses camarades et joignit Duguay-Trouin avec une telle vitesse que celui-ci eut à peine le temps de se préparer au combat.

Avant d'engager le feu, notre héros eut la singulière curiosité de connaître le nom de ce vaisseau si merveilleusement léger, et le lui fit demander par son interprète.

Cette impertinente curiosité déplut au capitaine anglais qui, pour toute réponse, lança au *Jason*, à bout portant, toute sa bordée de canon et de mousqueterie.

Mais Duguay-Trouin, ayant eu la précaution de faire coucher tout son monde sur le pont, n'eut que deux hommes tués et trois blessés.

Puis l'équipage se releva tout d'un coup en poussant le cri de : Vive le Roi! et *le Jason*, envoyant alors à son tour sa bordée, coucha près de cent hommes sur le pont du *Honster*.

Cette terrible bordée mit un tel désordre dans le bâtiment anglais, qu'il aurait été enlevé d'emblée si plusieurs de ses camarades n'étaient venus en toute hâte à son secours.

Toutefois il fut si maltraité que pendant trois quarts d'heure il ne put revenir en ligne et que même après cet espace de temps, il dut se contenter de canonner son ennemi de loin.

Mais le vent étant tout à fait tombé à ce moment, *le Jason* ne tarda pas à être rejoint et entouré par les quinze vaisseaux.

Il était alors minuit environ; les Anglais, bien sûrs désormais que leur proie ne leur échapperait pas, la laissèrent tranquille, se réservant de l'amariner aussitôt que paraîtrait le jour.

L'apparence en effet que *le Jason*, dont les œuvres mortes étaient toutes délabrées, dont la poupe était criblée, dont l'équipage était décimé, réussît à traverser quinze vaisseaux de guerre de première force et à leur échapper, malgré la supériorité de leur marche!

Duguay-Trouin lui-même n'osait pas conserver cette espérance : il y pensait si peu que, décidé à vendre chèrement la victoire et à se défendre jusqu'à la dernière extrémité, il assembla ses officiers et leur déclara que, tout espoir d'échapper à l'ennemi étant devenu impossible, il fallait au moins soutenir la gloire des armes et du nom français : le seul parti à prendre était donc d'essuyer, sans tirer un seul coup de canon, le feu des vaisseaux les plus proches et d'aller, tête baissée, aborder, debout au corps, le vaisseau commandant. Pour plus de sûreté, Duguay-Trouin se tiendrait au gouvernail, jusqu'à ce qu'il eût accroché le commandant. Peut-être celui-ci, mal préparé à repousser un abordage auquel il serait nécessairement bien loin de s'attendre, fournirait-il au *Jason* l'occasion de faire une action d'éclat avant de succomber sous le nombre : en tout cas, que l'abordage réussît ou non, le pavillon français ne serait jamais baissé par d'autres mains que celles des ennemis tant qu'un homme de l'équipage serait debout.

Les principaux officiers de Duguay-Trouin, MM. de la Jaille, capitaine en second, des Ursins, de Fossières et de Launay-Gravé, lieutenants, accueilli-

rent cette déclaration avec enthousiasme et s'écrièrent, ainsi que tous les autres officiers, qu'ils périraient tous jusqu'au dernier plutôt que d'abandonner leur capitaine.

Sûr de son état-major et de son équipage, Duguay-Trouin donna les ordres nécessaires afin que chacun fût prêt au premier point du jour; puis il envoya tout son monde chercher dans un sommeil réparateur les forces nécessaires pour le combat du lendemain. Lui-même descendit dans sa chambre.

Mais ce fut en vain qu'il essaya de faire trêve à ses pensées inquiètes : il lui fut impossible de fermer les yeux.

Il remonta sur son gaillard d'avant, où il se promena tristement : sans doute il songeait à sa famille, à son frère aîné Luc de la Barbinais-Trouin, à sa sœur Charlotte, à ses neveux, à sa chère ville de Saint-Malo qu'il ne devait plus revoir ; il regardait aussi, avec des larmes dans les yeux, son beau et fidèle *Jason*, dont le dernier moment était proche.

Puis, reportant la vue sur les vaisseaux anglais qui l'entouraient et dont les feux brillaient dans l'obscurité, il fixait avec des regards de haine et de défi le vaisseau commandant qui se distinguait des autres par les trois feux de sa poupe et le feu de sa grande hune.

Duguay-Trouin demeura sur le gaillard du *Jason* pendant toute cette nuit, qui lui parut bien courte.

Il était encore plongé dans ses réflexions lorsque, une demi-heure environ avant le jour, il aperçut à l'horizon, par le travers de son bossoir, une noirceur qui augmentait peu à peu.

C'était le vent qui se levait! A cette vue, une lueur d'espoir se glissa dans le cœur de notre héros. Les ennemis dormaient tranquillement et ne songeaient pas à surveiller les mouvements de leur proie qu'ils savaient tenir à leur discrétion.

Duguay-Trouin réveilla son monde et fit appareiller sans bruit ses basses voiles et ses deux huniers, qu'il avait cargués à cause du calme : puis il orienta toutes ses autres voiles de manière à recevoir bien en plein la fraîcheur qui s'avançait : en même temps, avec les avirons qui lui restaient, il manœuvra de façon à présenter le côté du *Jason* au vent, aussitôt que celui-ci serait venu.

Le vent arriva bientôt effectivement, et trouvant les voiles du *Jason* bien brassées et disposées à le recevoir, il le fit tout d'un coup aller de l'avant.

Les Anglais, surpris dans leur sommeil, perdirent un temps précieux à larguer leurs voiles et à se mettre en état de poursuivre leur proie : quand enfin ils furent en mesure de lui appuyer chasse, ce bon vaisseau, qui allait très-bien et dont Duguay-Trouin avait allégé encore la marche en jetant à la mer toutes les ancres, moins une, tous les mâts et toutes les vergues de rechange, était hors de portée!

Grâce à son heureuse étoile et à sa merveilleuse présence d'esprit, Duguay-Trouin s'était tiré sain et sauf de ce cas désespéré!

Un seul vaisseau anglais réussit à rejoindre *le Jason* à portée de fusil. C'était ce même *Honster* qui, la veille, avait été si fort maltraité par notre héros.

Le Honster, aussitôt qu'il fut à portée du *Jason*, se mit à le canonner dans la hanche; mais il fut si vigoureusement accueilli qu'il dut se maintenir à distance. Il appuya cependant la chasse au *Jason* jusqu'à midi environ; puis, virant de bord, il rallia son escadre.

Duguay-Trouin se prosterna sur son pont avec tous ses officiers et son équipage pour rendre grâces à Dieu qui l'avait sauvé d'une façon si miraculeuse de ce grand péril; puis il gagna le port de France le plus proche, afin d'y relâcher et d'y réparer ses avaries.

Pendant que *le Jason* échappait ainsi aux quinze vaisseaux anglais qui s'étaient attachés à lui, *l'Auguste*, de son côté, était moins heureux avec les six autres.

Moins bon marcheur et moins fort que son camarade, il fut bientôt rejoint par un des six vaisseaux; toutefois, il soutint son attaque avec la plus grande vigueur et réussit à le tenir à distance jusqu'à l'entrée de la nuit.

Puis, profitant de l'obscurité et du calme, le chevalier de Nesmond mit tout son monde aux avirons et gagna une bonne avance. A la pointe du jour, il se trouvait éloigné de cinq lieues des Anglais.

Mais le vent se leva, et ce qui devait sauver *le Jason* causa la perte de son camarade.

Les six vaisseaux anglais, reprenant la chasse, poursuivirent *l'Auguste* d'assez près pendant toute la journée, le rejoignirent vers cinq heures du soir, le combattirent les uns après les autres, le démâtèrent, et le mirent hors d'état de manœuvrer.

La nuit étant survenue, le pauvre *Auguste* eut encore un moment de répit, mais le lendemain matin, il fut entouré, et malgré la plus honorable résistance, il fut contraint d'amener son pavillon.

De son côté, la frégate *la Valeur*, qui était sortie de Brest sous le commandement de M. de Saint-Auban, quelques jours après *l'Auguste* et *le Jason*, eut le malheur de se trouver sur le chemin du *Honster*, au moment où celui-ci regagnait son escadre, après avoir inutilement donné la chasse au *Jason*.

Ce fut *la Valeur* qui paya pour son camarade : *le Honster* l'atteignit sans peine, la désempara et l'enleva, bien que les deux cents hommes qui montaient cette frégate eussent montré, à l'exemple de leur brave capitaine, une opiniâtre fermeté.

Duguay-Trouin quitta son mouillage le lendemain même du jour où il y était entré, et se dirigea vers Port-Louis, où il arriva le 2 août. Il rencontra sur sa route un corsaire flessinguois de vingt canons, nommé *le Paon*, qu'il poursuivit jusqu'en vue de Belle-Isle, malgré l'état de délabrement de son vaisseau, et dont il se rendit maître.

Au Port-Louis, où il arriva le 5 août avec sa prise, Duguay-Trouin prit une nouvelle ancre et un mât de hune de rechange; puis, ignorant que *l'Auguste* eût été pris, il appareilla pour aller l'attendre au rendez-vous qu'il avait fixé au chevalier de Nesmond. En vain essaya-t-on, au Port-Louis, de le détourner de reprendre la mer avec *le Jason* tout désemparé, il partit, en songeant que si *l'Auguste* avait eu le bonheur d'échapper à ses six vaisseaux anglais, il viendrait sûrement à la côte de Bretagne, ainsi qu'il avait été convenu, et qu'en ce cas il serait exposé à de graves dangers s'il était réduit à ses seules ressources. D'ailleurs, malgré ses avaries, *le Jason* ne faisait point eau et sa mâture était encore en assez bon état.

Duguay-Trouin croisa donc pendant quinze jours environ dans ces parages, sans recevoir de nouvelles de *l'Auguste*, ce qui ne laissa pas que de le rendre inquiet sur le sort de son camarade.

Vers la fin d'août, il eut connaissance d'une petite frégate qu'il rejoignit rapidement : c'était *l'Amazone*, ce corsaire flessinguois qu'il avait pris la campagne précédente. Un de ses amis, M. de la Franquerie, l'avait armé et l'avait confié au capitaine Gilles Simon, en donnant à celui-ci l'ordre de rejoindre *le Jason*.

Le Jason et *l'Amazone* rencontrèrent et prirent, le 31 août, deux riches vaisseaux hollandais qui revenaient des Indes avec un chargement de cacao et d'argent monnayé.

L'Amazone conduisit l'une de ces prises à Saint-Malo. *Le Jason* remorqua l'autre jusqu'à Brest.

A Brest, Duguay-Trouin apprit enfin la prise de *l'Auguste.*

On aurait pu croire qu'après cette aventureuse croisière notre héros croirait avoir gagné le droit de se reposer quelque temps. Il n'en fit rien cependant.

La campagne n'étant pas encore finie, il ne tarda pas à reprendre la mer avec *le Jason*, le seul vaisseau qui lui restât depuis la prise de *l'Auguste* et de *la Valeur*. *L'Amazone* était restée à Saint-Malo.

Duguay-Trouin dirigea sa croisière sur les côtes d'Espagne et de Portugal, prit en chemin, à l'entrée du Tage, un vaisseau anglais, puis alla se poster à l'entrée du détroit de Gibraltar.

Il y trouva deux frégates anglaises venant du Levant, et dont l'une, armée en guerre, avait trente canons ; l'autre, richement chargée, en avait vingt-six. Après trois quarts d'heure de canonnade, ces deux frégates, se voyant sur le point d'être abordées, amenèrent leur pavillon.

Duguay-Trouin songea alors à retourner à Brest avec ses trois prises.

En revenant, il prit encore, à la hauteur de Lisbonne, un grand trois-mâts anglais de cinq cents tonneaux, chargé de poudre.

Enfin, en doublant le cap du Finistère, il rencontra et prit encore un vaisseau anglais, et rentra triomphalement à Brest, suivi de ses cinq prises anglaises.

Cette courte et fructueuse croisière couronna dignement cette glorieuse campagne.

CHAPITRE V.

SOMMAIRE : Duguay-Trouin est nommé capitaine de vaisseau. — Il va défendre Cadix, menacé d'un siége. — Il rencontre, en route, la flotte du Brésil et l'attaque avec trois vaisseaux. — Son arrivée à Cadix ; ses différends avec le gouverneur de cette ville. — A son retour, il est fait chevalier de Saint-Louis. — Il va recevoir l'accolade à Versailles. — Mémorable campagne de 1707. — Duguay-Trouin appareille de Brest pour aller attaquer la flotte du Brésil : il la manque. — Il rallie Forbin, chef d'escadre, disperse une flotte anglaise et prend trois vaisseaux de guerre. — Conduite peu délicate de Forbin : générosité et désintéressement de Duguay-Trouin. — Le roi lui accorde une pension sur son trésor. — De Saint-Auban, Honnorat Toscan, le chevalier de Tourouvre. — Duguay-Trouin se rend encore à Versailles : son entretien avec le roi (1706-1708).

A la fin de l'année 1705, Duguay-Trouin fut enfin compris dans une promotion de capitaines de vaisseau de la marine royale ; il avait alors environ trente-deux ans.

Cette distinction était la récompense bien méritée de quatre glorieuses campagnes ; elle fut pour notre héros un motif de redoubler de zèle pour le service du roi.

En attendant le moment de reprendre la mer, Duguay-Trouin s'occupa d'armer son vaillant vaisseau *le Jason*, et *le Paon*, ce corsaire flessinguois de vingt canons qu'il avait pris la campagne précédente.

Il songeait déjà à mettre à la voile lorsqu'il reçut l'ordre d'aller se jeter avec ses deux vaisseaux dans le port de Cadix, menacé d'un siége[1], et de se mettre à la disposition du marquis de Valdecagnas, capitaine général et gouverneur de la place. Il devait en outre prendre, en passant à Port-Louis, un autre vaisseau de cinquante-quatre canons nommé *l'Hercule*, et l'emmener avec lui à Cadix.

Duguay-Trouin appareilla donc de Brest avec *le Jason* et *le Paon* et se dirigea vers Port-Louis. Il avait donné le commandement du *Paon* à un excellent officier, nommé de la Jaille, qui avait servi, la campagne précédente, sur *le Jason* comme lieutenant, puis comme capitaine en second.

Le lendemain, Duguay-Trouin entrait au Port-Louis avec ses deux vaisseaux et un corsaire flessinguois de trente-six canons, nommé *le Marlborough*, qu'il avait rencontré sur son chemin et pris.

L'Hercule l'attendait, tout prêt à mettre à la voile; il avait pour capitaine le lieutenant de vaisseau de Druis[2].

1. Une étroite alliance unissait alors à la France l'Espagne, dont Philippe d'Anjou, petit-fils de Louis XIV, était devenu roi sous le nom de Philippe V.

2. *Alias* de Rhuys.

Le Marlborough mis en sûreté, *le Jason, le Paon* et *l'Hercule* quittèrent le Port-Louis de compagnie et firent voile pour les côtes d'Espagne.

A la hauteur de Lisbonne, à quinze lieues au large environ, la vigie du *Jason* signala une flotte de deux cents voiles escortée par six vaisseaux de guerre.

C'était la flotte du Brésil, qui chaque année à pareille époque, apportait à Lisbonne les revenus de cette riche colonie portugaise; les six vaisseaux de guerre d'escorte étaient montés depuis cinquante jusqu'à quatre-vingts canons. C'était le marquis de Sainte-Croix (Santa-Crux) qui les commandait.

Duguay-Trouin ne pouvait songer à s'attaquer à si forte partie; mais, ayant remarqué à trois lieues en arrière de cette flotte, qui occupait un espace considérable, un peloton de vingt navires marchands qui marchait en arrière-garde sous la protection de l'un des vaisseaux de guerre, il conçut aussitôt le dessein de couper ce peloton du reste de la flotte et d'amariner quelques-uns des vingt bâtiments marchands.

Afin de ne pas mettre le vaisseau d'escorte sur ses gardes, Duguay-Trouin arbora pavillon anglais et laissa arriver sur ce vaisseau comme s'il voulait lui parler en passant et lui demander des nouvelles.

L'Hercule, de son côté, suivit son camarade d'assez près avec l'ordre de donner dans les vaisseaux marchands aussitôt qu'il verrait *le Jason* aborder le vaisseau de guerre.

Quant à la frégate *le Paon*, elle se trouvait par malheur à quatre lieues en arrière, et il était trop important de ne pas exciter la méfiance des ennemis pour qu'on perdît une heure ou deux à l'attendre.

Le plan de Duguay-Trouin réussit merveilleusement. Complétement abusé par la manœuvre du *Jason*, le bâtiment de guerre portugais mit en panne pour l'attendre.

Tout à coup, *le Jason*, arrivé à portée de pistolet, amène le pavillon anglais et le remplace par le pavillon blanc, en même temps il envoie dans le corps du lourd portugais toute sa bordée de canon et de mousqueterie. Puis, avant que celui-ci n'ait eu le temps de se remettre de sa surprise et de riposter avec quelque énergie au feu continuel qui pleut sur lui, il manœuvre de façon à se placer entre la flotte et son ennemi et lui couper ainsi la retraite; après quoi revenant vivement par son travers, il se présente pour l'aborder.

Sur ces entrefaites *l'Hercule* arrive à toutes voiles, mais, soit que M. de Druis ait mal compris les ordres de son chef, soit qu'il ait jugé la situation du combat compromise, il envoie sa bordée au bâtiment portugais, au lieu de donner dans la flotte, et cherche même à l'aborder.

Pour éviter d'être brisé dans ce triple abordage, Duguay-Trouin dut s'éloigner précipitamment et se tenir au large.

Le Jason avait manqué son abordage; mais son ennemi, fortement maltraité par la canonnade, semblait disposé à se rendre, Duguay-Trouin crut donc pouvoir laisser à *l'Hercule* le soin de l'amariner et, virant de bord, il courut, toutes les voiles au vent, sur les vingts bâtiments marchands.

Ceux-ci, aux premiers coups de canon du *Jason*, s'étaient repliés en toute hâte sur la flotte et avaient réussi à gagner une certaine avance, grâce au temps que les deux abordages du *Jason* et de *l'Hercule* firent perdre à notre héros : de leur côté, les cinq autres vaisseaux de guerre venaient au devant d'eux, toutes voiles dehors, de sorte que Duguay-Trouin, avant d'avoir pu atteindre un seul bâtiment marchand, se trouva à portée de canon de ces cinq vaisseaux de guerre.

Loin de fuir, Duguay-Trouin tint bravement tête à ses nouveaux ennemis et leur envoya tour à tour sa bordée, pour laisser à M. de Druis le temps d'amariner son adversaire. Il ne cessa son feu que lorsqu'il jugea que cette manœuvre devait être exécutée; alors, virant de bord, il laissa arriver sur *l'Hercule*. Hélas! une fâcheuse désillusion l'attendait.

Au lieu d'aborder le gros vaisseau portugais et de jeter à son bord une partie de l'équipage de *l'Hercule*, afin de l'enlever promptement, M. de Druis s'était contenté d'y envoyer une chaloupe bien armée et bien équipée.

Les Portugais, qui commençaient à se remettre un peu de leur désordre, accueillirent la chaloupe de *l'Hercule* à coups de fusil.

Aussitôt M. de Druis, rappelant sa chaloupe, se mit à faire pleuvoir sur son adversaire un feu terrible qui, en fort peu de temps, hacha sa mâture et le démâta de sa misaine.

Enfin, le pavillon portugais fut amené et M. de Druis renvoya sa chaloupe amariner le vaisseau vaincu.

Malheureusement, les gens de la chaloupe, en arrivant sur le pont de ce riche vaisseau, n'eurent rien de plus pressé que de le mettre au pillage; puis, quand ils se furent gorgés de butin[1], voyant les cinq vaisseaux de guerre ennemis arriver au secours de leur camarade, et craignant de tomber en leur pouvoir avec les richesses qu'ils avaient pillées, ils crièrent à M. de Druis que le vaisseau, défoncé par la canonnade, allait couler bas et qu'il n'y avait pas un moment à perdre pour se sauver.

M. de Druis se hâta donc de reprendre ses hommes, avant que le vaisseau portugais fût coulé ou rejoint par ses camarades : et telle fut la précipitation avec laquelle se fit cette manœuvre que quatorze matelots de *l'Hercule* demeurèrent à bord du vaisseau portugais[2].

Duguay-Trouin fut vivement contrarié de se voir enlever une prise fort riche qu'il croyait tenir. La

1. On sut plus tard que ce butin devait être estimé à 200000 écus (600000 francs).

2. Ces quatorze matelots, victimes de leur avidité, furent retenus prisonniers et mis au cachot, quand la flotte fut arrivée à Lisbonne.

nuit arrivant sur ces entrefaites et les autres vaisseaux portugais se trouvant maintenant hors de portée, il dut se contenter de conserver la flotte jusqu'au matin.

Le lendemain, à la pointe du jour, grande fut la surprise et grand fut le dépit de notre héros quand il reconnut à l'arrière des bâtiments marchands le vaisseau de guerre que M. de Druis avait laissé échapper. Loin de couler bas, ce vaisseau s'était rétabli et remâté avec des mâts de hune, et il avait repris son poste à côté de ses camarades.

Duguay-Trouin se décida aussitôt à fournir à M. de Druis, qui se reprochait vivement d'avoir agi avec trop de légèreté, une occasion de prendre sa revanche.

Il ne s'agissait pas moins pour *l'Hercule* que d'aller aborder par le travers, sans tirer un seul coup de canon, le commandant portugais monté à quatre-vingts canons et de l'enlever.

Duguay-Trouin se réservait la délicate et périlleuse mission de faciliter cet abordage hardi, en empêchant les cinq autres vaisseaux de guerre portugais de porter secours à leur commandant.

De son côté, *le Paon*, qui avait rejoint dans la nuit, reçut l'ordre de venir accoster *l'Hercule* aussitôt qu'il le verrait accrocher son adversaire, et de jeter sur son pont tout son propre équipage.

Cette audacieuse attaque devait infailliblement réussir si elle était habilement et heureusement exécutée. En effet, le lourd vaisseau portugais avait son entre-pont fort embarrassé d'une grande quantité de marchandises, ce qui entravait considérablement ses manœuvres; en outre, son équipage se trouvait composé de soldats de diverses nations et peu aguerris.

L'intention de Duguay-Trouin, une fois le commandant portugais enlevé, était d'aborder lui-même le vice-amiral de la flotte ennemie, pendant qu'à son tour *l'Hercule*, débarrassé de son adversaire, couvrirait *le Jason* du feu des autres portugais.

Sans donc attendre plus longtemps, *l'Hercule*, *le Jason* et *le Paon* arrivèrent sur l'ennemi qui les attendait en ligne au vent de la flotte.

L'Hercule prit la tête, et, gouvernant droit au commandant portugais, il essuya sa première bordée sans riposter et l'aborda avec une magnifique intrépidité; puis, une fois ses grappins lancés, il envoya dans le ventre de son puissant adversaire toute sa bordée chargée à double charge, et fit pleuvoir sur lui un feu de mousqueterie et de grenades qui jeta la terreur et la mort dans ce grand vaisseau.

Enfin, après deux heures d'un combat meurtrier, le vaisseau portugais, horriblement maltraité, parvint, le vent aidant, à rompre les grappins de *l'Hercule* et à s'éloigner de celui-ci, qui, de son côté, avait beaucoup souffert et perdu beaucoup de monde.

Duguay-Trouin, pendant ce temps, avait à répondre au feu des deux matelots du commandant portugais qui le pressaient vivement. En voyant *l'Hercule* obligé de cesser son feu, il le laissa gagner au large pour se rétablir, et s'avança lui-même pour prendre sa place et donner le coup de grâce à son adversaire qui n'était plus guère en état de manœuvrer et qui pouvait à peine tirer.

Le Paon s'était avancé de son côté pour jeter des renforts à bord de *l'Hercule*, ainsi qu'il avait été convenu ; mais, en voyant celui-ci s'éloigner, il craignit de rester isolé à portée de canon des gros vaisseaux portugais et tira au large.

Le Jason se trouva donc tout seul pour tenir tête à l'ennemi. Par bonheur, les vaisseaux portugais, fort pesants et d'ailleurs fort maltraités par le combat, gouvernaient difficilement.

Le Jason s'avança fièrement sur le commandant portugais ; mais celui-ci se trouvant trop sous le vent, il ne put réussir à le joindre et dut virer de bord pour rejoindre ses camarades : toutefois, ayant remarqué un des vaisseaux portugais qui se tenait en panne assez loin des autres, il n'hésita pas à laisser arriver sur lui, bien qu'il fût lui-même gravement désemparé et qu'il eût beaucoup de monde hors de combat : il lui donna, en passant, toute sa bordée ; puis, continuant sa route, il se mit promptement hors de portée.

Toutefois Duguay-Trouin ne considère pas la partie comme perdue. Loin de se décourager en voyant *l'Hercule* et *le Jason* lui-même encombrés de blessés et fort gênés dans leurs manœuvres, il songe que les ennemis sont encore plus incommodés et il ne désespère pas de ressaisir l'avantage.

Notre héos donne à *l'Hercule* et au *Paon* l'ordre de venir rallier *le Jason*, et dit à MM. de Druis et de la Jaille de se mettre en état de le suivre.

Bientôt donc nos trois infatigables capitaines retournent au combat et s'efforcent de joindre la flotte ennemie qui, mettant le vent à profit, gouverne, toutes voiles dehors, pour entrer avant la nuit dans le port de Lisbonne, que l'on commence à découvrir.

Le Jason, qui marchait encore fort bien malgré ses avaries, gagna bientôt deux lieues d'avance sur ses camarades, et, vers la fin du jour, il joignit les six vaisseaux de guerre portugais qui couvraient les derrières de la flotte. Ils étaient tellement délabrés et se souciaient si peu de recommencer le combat qu'ils préférèrent abandonner à leur intrépide ennemi le vaisseau qui, la veille, avait été démâté et pris par M. de Druis.

Duguay-Drouin, sans perdre un instant, fond sur sa proie, toutes voiles au vent, afin de s'en emparer avant que la nuit ne soit venue : en même temps, il met sa chaloupe à la mer pour amariner sa prise, dans le cas où quelque circonstance imprévue ferait manquer l'abordage.

Mais au moment où *le Jason* allait joindre son ennemi, celui-ci, trompé par l'obscurité et gouvernant fort mal, toucha sur les brisants nommés Arcathropes (ou Cachapos), qui rendent ces parages si dangereux, et alla s'échouer entre le fort de Cascais et de celui de Saint-Julien.

Duguay-Trouin, emporté par son ardeur, eut à peine le temps de virer de bord et il s'en fallut de bien peu qu'il ne se perdît aussi sur ces brisants.

Quelques heures après, il rejoignit *l'Hercule* et *le Paon*, désespéré d'avoir manqué cette belle prise.

Mais il fut encore bien plus désolé quand il apprit, au bout de quelques jours, que ce vaisseau qui, par deux fois avait failli devenir sa proie, était d'une valeur immense et qu'il portait à lui seul plus de deux millions de piastres. Il maudit de grand cœur les circonstances malheureuses et imprévues qui avaient triomphé de son opiniâtre intrépidité et lui avaient fait manquer cette magnifique occasion de s'enrichir.

Du reste, la fortune qui jusqu'alors avait presque toujours préservé notre héros de toute blessure, avait semblé l'abandonner dans cette circonstance. Trois boulets lui avaient passé presque coup sur coup entre les jambes; son habit et son chapeau avaient été percés de plusieurs balles et des éclats de mitraille l'avaient atteint, assez légèrement du reste.

Il semblait (dit-il dans ses *Mémoires*) *que les boulets et les balles vinssent me chercher partout où je portais mes pas.*

En outre, il avait perdu beaucoup de monde dans les combats successifs qu'il avait soutenu. Il est vrai que l'ennemi en avait perdu bien plus encore et que le marquis de Sainte-Croix, l'amiral de la flotte, avait été mortellement blessé, ainsi qu'un grand nombre d'officiers.

De plus, sur les six vaisseaux de guerre portugais, cinq étaient rentrés à Lisbonne dans l'état le plus déplorable : quant au sixième, celui qui était allé échouer entre les deux forts de Cascais et de Saint-Julien, il avait été presque entièrement perdu : à peine avait-on réussi à sauver une faible partie de son chargement.

Le Jason, *l'Hercule* et *le Paon* perdirent quelques jours à se rétablir, puis ils reprirent leur route pour Cadix, où ils ne tardèrent pas à arriver, sans avoir fait d'autre rencontre.

Le marquis de Valdecagnas, gouverneur de Cadix, accueillit d'abord assez bien Duguay-Trouin et lui confia le soin de défendre la passe du Pontal, celle qu'il est le plus aisé de forcer.

Notre héros commença par fortifier les batteries et les forts qui commandent l'entrée de cette passe, puis il équipa un brûlot et prit les plus minutieuses précautions pour prévenir une surprise des ennemis.

Ces soins ne l'empêchaient pas toutefois d'assister fort régulièrement à tous les conseils que tenait le marquis de Valdecagnas et d'y donner son avis. Ayant appris, un jour, qu'il n'y avait pas pour deux semaines de vivres dans la ville, bien que le gouverneur eût, sous ce prétexte, exigé de tous les négociants de fortes contributions, le bouillant capitaine se fit un devoir de représenter chaleureusement à celui-ci qu'il était de toute nécessité qu'on pourvût incessamment à cet état de choses, sous peine de se trouver en danger d'être investi et enlevé par l'armée navale ennemie que l'on savait être arrivée sur les côtes de Portugal.

Loin de savoir gré à Duguay-Trouin du zèle qui lui dictait ces utiles observations, le gouverneur les accueillit fort mal et n'en fit aucun profit. De plus, il se montra de ce jour fort hostile à notre héros et profita du premier prétexte qui se présenta pour lui être désagréable.

Ce prétexte ne devait pas se faire longtemps attendre.

On apprit, peu de jours après, que l'armée navale ennemie avait quitté les côtes de Portugal et qu'elle paraissait avoir renoncé à entreprendre le siége de Cadix.

Duguay-Trouin, dont la présence n'était plus nécessaire à la sûreté de ce port, forma le projet d'aller, avec son brûlot, mettre le feu à soixante bâtiments chargés de vivres et de munitions que les ennemis avaient laissés dans le port de Gibraltar. Mais le gouverneur ne voulut jamais consentir à cette petite et avantageuse expédition, bien que Duguay-Trouin répondît du succès. C'est ainsi que la sotte rancune du marquis Valdecagnas empêcha l'ennemi de subir un dommage considérable.

Quelque temps après, il arriva que les barques de la douane insultèrent, à diverses reprises, des chaloupes du *Jason* et de *l'Hercule*, et voulurent les visiter de force, au mépris des droits et des privilèges dont jouissait la marine française dans tous les ports d'Espagne.

Duguay-Trouin fit sa plainte au chevalier Renaud, lieutenant général au service de l'Espagne, qui résidait à Cadix. Celui-ci se rendit chez le gouverneur, qui le reçut avec hauteur et ne tint aucun compte de ses représentations.

Le surlendemain, une chaloupe de *l'Hercule* fut de nouveau insultée par une barque de la douane, et l'officier qui commandait cette chaloupe, ayant voulu s'opposer à la visite, se vit grièvement maltraité.

M. de Druis, capitaine de *l'Hercule*, vint aussitôt rapporter le fait à Duguay-Trouin : celui-ci, outré de se voir traiter avec cette indignité par des gens qu'il était venu précisément secourir et résolu cette fois à se faire lui-même la justice qu'on lui déniait, ordonna à M. de la Jaille d'aller, avec deux chaloupes, arrêter la barque qui avait osé insulter le pavillon français : toutefois, il lui recommanda de n'user de violence qu'à la dernière extrémité.

M. de la Jaille eut quelque peine à retrouver cette barque au milieu de celles à qui elle s'était mêlée ; enfin l'ayant reconnue, il gouverna droit sur elle : aussitôt celle-ci prit chasse, et, tout en se sauvant précipitamment, tira sur la chaloupe quelques coups de pierrier et de fusil, qui tuèrent deux hommes et en blessèrent deux autres. M. de la Jaille eut lui-même le devant de son habit emporté par un coup de pierrier.

Il n'y avait plus de ménagements à garder avec de pareilles gens. En quelques instants la barque fut rejointe et enlevée, non sans une résistance qui coûta la vie à trois de ces insolents douaniers : trois autres furent grièvement blessés.

M. de la Jaille revint, avec la barque à la remorque, et conduisit ses prisonniers à Duguay-Trouin qui eut l'humanité de faire panser les trois blessés par son propre chirurgien.

Le lendemain matin, Duguay-Trouin descendit à terre, avec M. de Druis et M. de la Jaille, et se rendit chez le gouverneur afin de l'informer de ce qui s'était passé et en tirer satisfaction.

Le gouverneur ne laissa pas Duguay-Trouin arriver jusqu'à lui : aveuglé par sa colère et son orgueil, il ne craignit pas de faire arrêter le noble héros dans son antichambre même par le major de la place, et de l'envoyer en prison à la tour Sainte-Catherine.

En apprenant cette incroyable nouvelle, le chevalier Renaud courut chez le gouverneur qui ne voulut rien écouter : il dépêcha alors un courrier au marquis de Villadarias, gouverneur de la province d'Andalousie et beau-frère du marquis de Valdecagnas.

Le marquis de Villadarias se rendit à Cadix le jour suivant, mais il ne se montra guère plus équitable que son insolent beau-frère. Il se contenta de décider que l'armée navale ennemie s'étant retirée et la présence des vaisseaux français ne paraissant plus nécessaire à la conservation de la place, ceux-ci pourraient mettre à la voile quand bon leur semblerait.

Duguay-Trouin fut en conséquence tiré de prison et conduit à bord de son vaisseau.

Ce bouillant héros, indigné de ces procédés révoltants, se hâta de mettre à la voile : il lui tardait de quitter ce pays inhospitalier et ingrat.

En revenant à Brest, Duguay-Trouin eut connaissance d'une flotte marchande anglaise, composée de quinze voiles et d'une frégate d'escorte, montée à trente-six canons.

Notre héros laissant à MM. de la Jaille et de Druis le soin de donner dans la flotte, arriva, toutes voiles dehors, sur la frégate qui s'appelait *le Gaspard*, l'aborda par le travers et l'enleva, après un sanglant combat qui coûta la vie à M. de Fossière, capitaine en second sur *le Jason*, ainsi qu'à un autre officier et à bon nombre de matelots.

Pendant ce temps, *l'Hercule* et *le Paon* amarinaient douze vaisseaux marchands ; il n'y en eut que trois qui réussirent à s'échapper.

Duguay-Trouin, vainqueur toujours généreux, témoigna les plus grands égards au capitaine du *Gaspard* et se plut à le faire asseoir à sa table et à lui montrer par tous les moyens possibles, quel cas il faisait de sa valeur et de sa fermeté.

Mais l'Anglais, insolent comme la plupart de ses compatriotes et humilié sans doute de sa défaite, eut la sottise et l'injustice d'attribuer la généreuse conduite de son vainqueur à la crainte de tomber lui-même à son tour entre les mains des Anglais : il poussa l'impertinence jusqu'à le lui dire en face, à la fin du repas.

Outré d'un pareil langage, Duguay-Trouin fit appeler incontinent son maître d'équipage et lui donna l'ordre de conduire au cachot le malavisé capitaine. « Sachez, » lui dit notre héros, « que si je rends « volontiers justice à la bravoure de mes ennemis « vaincus, je sais aussi dompter leur orgueil et ne « redoute aucun événement quand il s'agit de com- « battre pour ma patrie. »

Peu après *le Jason*, suivi de *l'Hercule*, du *Paon*, du *Gaspard* et de douze vaisseaux marchands, faisait son entrée dans le port de Brest.

Hâtons-nous de dire que Duguay-Trouin eut la satisfaction de se voir rendre enfin la justice qui lui était due. Le roi, ayant demandé compte de tout ce qui s'était passé à Cadix, exigea du roi d'Espagne que le gouvernement de cette place fût enlevé au marquis de Valdecagnas et celui de l'Andalousie au marquis de Villadarias.

En outre, Duguay-Trouin fut nommé chevalier de l'ordre royal de Saint-Louis, en récompense de ses glorieux services.

Notre héros se rendit à cette occasion à Versailles, où le roi lui donna l'accolade : ce prince daigna lui annoncer lui-même qu'il était satisfait de son zèle et qu'il lui donnait le commandement de six vaisseaux de la marine royale pour la prochaine campagne.

Aussitôt donc que notre héros fut de retour à Brest, il s'occupa de trouver des armateurs qui voulussent faire les frais de cet armement. Son frère aîné, Luc de la Barbinais-Trouin, se mit à la tête de l'entreprise et réussit bientôt à former une société de riches négociants qui fit les frais de l'armement et lui en confia la direction.

Au printemps (1707), la petite escadre se trouva prête à mettre à la voile ; elle se composait du *Lys*, magnifique vaisseau de soixante-quatorze canons et de six cent soixante-trois hommes d'équipage; de *l'Achille*, de soixante-six canons et de cinq cent soixante-sept hommes; du *Jason* (l'ancien vaisseau de Duguay-Trouin), monté à cinquante-quatre canons et à quatre cent quarante hommmes d'équipage; de *la Gloire*, de quarante canons et trois cent quarante et un hommes; de *l'Amazone* [1], de trente-six canons et deux cent cinquante-quatre hommes, et de *l'Astrée*, de vingt-deux canons et cent soixante-quinze hommes.

1. *L'Amazone* n'était pas la corvette corsaire flessinguoise du même nom que Duguay-Trouin avait prise en 1705. Cette corvette avait été reprise par un vaisseau de soixante-dix canons, après une résistance qui coûta la vie au capitaine qui la commandait et à cinquante hommes d'équipage.

Duguay-Trouin, gardant pour lui *le Lys*, donna le commandement de *l'Achille* à un excellent officier nommé M. de Beauharnais; celui du *Jason* au chevalier de Courserac, son ancien capitaine en second; celui de *la Gloire* à M. de la Jaille, l'ancien capitaine du *Paon;* celui de *l'Amazone* au chevalier de Nesmond et celui de *l'Astrée* à M. de l'Isle-Adam.

L'escadre appareilla tout entière à la fois et dirigea sa croisière vers les côtes de Lisbonne, dans l'espoir de se trouver sur le passage de la flotte du Brésil, qu'on attendait incessamment.

Malheureusement le mauvais temps ne permit pas à Duguay-Trouin de demeurer dans ces parages, et la riche flotte marchande réussit à gagner Lisbonne sans encombre.

Cette magnifique prise lui ayant échappé pour la seconde fois, notre capitaine alla croiser à l'entrée du détroit de Gibraltar, où il s'empara de deux vaisseaux anglais assez richement chargés.

Puis, en regagnant Brest, il couronna sa courte croisière en faisant, à l'entrée de la Manche, quatre autres prises anglaises chargées de tabac.

En arrivant au port, Duguay-Trouin y trouva le comte de Forbin, chef d'escadre et ancien compagnon de Jean-Bart, qui l'attendait avec une escadre de six vaisseaux de guerre. Le ministre Pontchartrain avait ordonné à ce célèbre marin de joindre son escadre à celle de Duguay-Trouin et de prendre la mer le plus tôt possible. Il s'agissait d'aller sur les côtes d'Angleterre dissiper et détruire un convoi considérable de troupes et de munitions de guerre que la reine d'Angleterre envoyait au roi de Portugal, réduit à la plus extrême détresse par les troupes réunies du roi de France et du roi d'Espagne.

Les deux escadres appareillèrent de Brest le 18 octobre et s'allèrent poster à l'entrée de la Manche.

L'escadre de Forbin comptait six frégates de guerre; *le Mars*, commandé par Forbin lui-même, *le Blak-Owal*, capitaine de Tourouvre ; *le Salisbury*, capitaine Bart [1]; une quatrième frégate commandée par M. de Nangis, et deux autres de même force. Ces six bâtiments étaient montés chacun à cinquante canons, sauf le seul *Blak-Owal*, monté à cinquante-quatre.

Quant à Duguay-Trouin, il avait conservé cinq de ses six vaisseaux : *le Lys*, *l'Achille*, *la Gloire*, *le Jason* et *l'Amazone;* il avait remplacé le sixième, *l'Astrée*, par une frégate de cinquante-quatre canons nommée *le Maure* et montée par le capitaine de la Moinerie-Miniac, de Saint-Malo [2].

Les trois premiers jours, les deux escadres, qui marchaient à quatre lieues environ l'une de l'autre, ne découvrirent aucune voile.

Mais le quatrième jour, le vendredi 21 octobre,

1. François Cornil Bart, capitaine de frégate depuis 1703, et fils aîné de Jean-Bart.

2. *Le Maure* avait pour armateur M. Beauvais-Lefer, de Saint-Malo.

à la première heure, Duguay-Trouin aperçut au sud-ouest des Sorlingues la flotte qui lui sembla composée d'environ deux cents voiles.

Notre capitaine se hâta de rejoindre le comte de Forbin, afin de se concerter avec lui avant d'engager le combat; mais il s'aperçut bientôt, en se rapprochant de Forbin, que celui-ci avait arboré le pavillon de chasse et se disposait à attaquer sur-le-champ. Il mit donc aussi toutes ses voiles au vent et chassa sur la flotte.

Les six vaisseaux de Duguay-Trouin, tous carénés de frais, allaient beaucoup mieux que les frégates de Forbin : ils reprirent donc assez vite l'avance et laissèrent celles-ci à une bonne lieue en arrière. Ils n'étaient guère plus qu'à une portée de canon ou deux de l'ennemi, lorsque Forbin, mortifié sans doute de se voir relégué au second plan, signifia à Duguay-Trouin l'ordre de se mettre en travers et de l'attendre,

Celui-ci vit avec la plus grande surprise et le plus vif dépif cet ordre intempestif qui pouvait donner le temps à la flotte ennemie de se disperser et faire manquer par conséquent le but de l'expédition; mais Forbin était chef d'escadre et Duguay-Trouin capitaine de vaisseau; Duguay-Trouin dut obéir.

Il mit donc en travers, regardant avec regret l'immense et riche flotte qui peut-être allait lui échapper, par la maladroite vanité de Forbin.

Cette flotte embrassait un espace considérable;

elle était rassemblée sous le vent de cinq gros vaisseaux de guerre anglais rangés sur une seule ligne.

Au milieu se tenait le vaisseau commandant; c'était un gros bâtiment monté à quatre-vingt-deux canons et nommé *le Cumberland*, il portait les insignes de sir Richard Bouard [1], chef d'escadre d'Angleterre. A l'avant et à l'arrière du commandant étaient placés ses deux matelots *le Ruby*, de cinquante-quatre canons, et *le Chester*, de cinquante-six canons; *le Devonshire*, énorme vaisseau de quatre-vingt-douze canons, tenait la tête de la ligne, et *le Royal-Oak*, la queue.

Pleins de confiance dans leur force, ces vaisseaux attendaient sans s'émouvoir l'attaque des vaisseaux français qu'ils prenaient pour une troupe de corsaires rassemblés.

Cependant, quand Duguay-Trouin eut mis en travers, les Anglais reconnurent, à la séparation des mâts et à la hauteur de ses œuvres-mortes, à qui ils avaient affaire. Aussitôt le commandant fit le signal à tous les bâtiments de transport de se sauver comme ils pourraient, chacun de son côté.

Duguay-Trouin les vit gagner au large, la rage dans le cœur, et maudissant cent fois les lenteurs du comte de Forbin.

1. L'abbé Manet, l'auteur des *Illustres Malouins*, et un autre historien, écrivent sir Charles Edwarts, mais le procès-verbal de la prise du *Cumberland* porte sir Richard Bouard.

Enfin, n'y tenant plus en voyant que celui-ci ne se pressait pas d'arriver et que la journée s'avançait (il allait être midi et à la fin d'octobre les jours sont courts), il ordonna aux vaisseaux de son escadre de venir se ranger les uns après les autres bord à bord avec *le Lys*, et il leur communiqua son plan de combat.

Comme toujours, il se réservait le commandant : *la Gloire* devait le suivre[1] et lui jeter une partie de son équipage dès qu'elle le verrait accroché, afin qu'aussitôt *le Cumberland* enlevé, *le Jason* pût voler au secours de ceux de ses camarades qui ne pourraient soutenir le combat.

Puis *l'Achille*, capitaine de Beauharnais, reçut l'ordre d'aborder *le Royal-Oak ; le Jason*, capitaine de Courserac, d'aborder *le Chester;* et *le Maure*, capitaine de la Moinerie-Miniac, d'aborder *le Ruby*.

Enfin *l'Amazone*, capitaine de Nesmond, qui était la plus faible frégate de l'escadre, mais aussi celle qui marchait le mieux, eut ordre de se tenir d'abord à l'écart, puis de donner immédiatement dans la flotte marchande, aussitôt qu'elle verrait qu'aucun des vaisseaux engagés n'aurait un besoin pressant de son secours.

Ainsi, Duguay-Trouin ne laissait que le seul

1. On a raconté que Duguay-Trouin s'étant rendu à Versailles à la fin de la campagne, le roi le pria de lui faire le récit de cette magnifique bataille navale, et celui-ci s'étant servi de ces mots « J'ordonnai à *la Gloire* de me suivre, le roi l'interrompit et lui lui en jouant sur le mot : *Elle vous fut fidèle.*

Devonshire aux six frégates de Forbin qui commençaient enfin à se rapprocher : encore se réservait-il d'aller prêter main-forte à celles de ces frégates qui s'attaqueraient à ce gros vaisseau, dès que lui-même il se serait rendu maître du *Cumberland*.

Il était midi lorsque *le Lys*, prenant la tête de l'escadre, laissa arriver sur l'ennemi. Il essuya d'abord la bordée du *Chester*, le matelot d'arrière du *Cumberland*, sans lui riposter ; puis il reçut en plein dans ses manœuvres celle du *Cumberland* lui-même sans lui renvoyer un seul coup de canon. Seulement, notre héros avait eu la précaution de faire coucher tout son équipage à plat ventre sur le pont du *Lys*, de sorte qu'il y eut peu de monde hors de combat.

L'habile capitaine fit cependant semblant de plier afin d'arriver à se mettre sous le vent ; puis il revint donner à toute volée dans le travers de son ennemi de telle façon que le beaupré de ce vaisseau se trouva engagé dans les grands haubans du *Lys*.

Par cette savante et hardie manœuvre, Duguay-Trouin, qui n'avait pas encore tiré un seul coup de canon, fut en position d'enfiler, avec toute son artillerie chargée à double charge et toute sa mousqueterie, *le Cumberland* de l'avant à l'arrière. Le résultat de cette terrible bordée fut épouvantable : les ponts et les gaillards du vaisseau anglais se jonchèrent de cadavres et ses manœuvres hachées tombèrent en débris à la mer.

Sur ces entrefaites, *la Gloire* s'avança pour jeter

Le *Jason* abordant le *Chester*.
M. le chevalier de Courserac.

Le *Cumberland* abordé par le *Lys* et la *Gloire*.
M. Duguay-Trouin ; M. de la Jaille.

1707

son équipage à bord du *Lys*, ainsi qu'il avait été convenu ; mais M. de la Jaille, voyant qu'il ne pouvait accoster *le Lys*, se décida audacieusement à aborder *le Cumberland* lui-même de long en long.

M. de la Calandre de Blois, capitaine en second sur *la Gloire* et M. Dumenaye, deuxième enseigne, s'élancent sur le pont anglais à la tête d'une vaillante troupe, pendant que d'autre part une assez forte partie de l'équipage du *Lys* s'efforce d'y pénétrer par-dessus le beaupré rompu de ce vaisseau[1].

1. Ce fut un contre-maître du *Lys*, nommé Honnorat Toscan, qui sauta le premier sur le pont du *Cumberland*, par dessus son beaupré rompu ; notre homme courut aussitôt au pavillon de poupe, pour le baisser. Il était occupé à en couper la drisse quand il vit quatre soldats anglais se lever vivement d'un coin où ils s'étaient cachés et courir sur lui le sabre haut. Dans ce péril pressant, le brave contre-maître eut la présence d'esprit de jeter le pavillon anglais à la mer, puis de s'y jeter lui-même : il pu rattraper le pavillon dans l'eau, gagna à la nage une chaloupe que le *Cumberland* avait à la remorque, en coupa le cablot, et se servant d'une voile qu'il trouva dans cette chaloupe pour la diriger, il arriva vent arrière à portée du vaisseau *l'Achille*, qui le recueillit. Le pavillon anglais si valeureusement conquis fut porté, après la campagne, dans l'église Notre-Dame de Paris, avec ceux des autres vaisseaux de guerre anglais qui furent pris dans ce même combat.

Duguay-Trouin, qui se fit toujours remarquer par son attachement pour ceux à qui il commandait, ne manqua pas de porter ce brillant fait d'armes à la connaissance du ministre Pontchartrain, qui le raconta au roi. Le roi ordonna qu'Honnorat Toscan fût fait maître d'équipage, et lui accorda en outre une médaille d'or.

Cette médaille (décoration spéciale établie pour la marine en 1693) avait pour exergue : *Virtuti nauticæ præmia data* (récompense donnée au courage maritime), et représentait le roi en Neptune, assis, un trident à la main, sur une proue de vaisseau:

En quelques instants tout ce qui fait mine de résister sur le pont et sur les gaillards du *Cumberland* est tué ou pris : le capitaine, sir Richard Bouard, blessé à la cuisse, brûlé au visage et aux mains, est emporté mourant : plus de soixante morts et plus de cent douze blessés encombrent le puissant vaisseau anglais : en vain le capitaine en second, avec les deux cent cinquante hommes qui lui restent, veut-il continuer le combat, les braves soldats de Duguay-Trouin, exaltés par leur triomphe, brisent toute résistance et bientôt le pavillon anglais est remplacé par le pavillon français victorieux.

Cette courte et glorieuse affaire causa quelques pertes à l'équipage du *Lys :* le capitaine en second, M. de Saint-Auban, eut la cuisse emportée.

Duguay-Trouin, aussitôt qu'il se voit vainqueur, se dégage sans perdre de temps et pousse au large afin d'examiner la face du combat et porter secours aux points les plus menacés.

Pendant que *le Lys* abordait et enlevait *le Cumberland* avec l'aide de *la Gloire*, *le Jason*, capitaine de Courserac, arrivait de son côté sur *le Chester*, matelot d'arrière du *Cumberland*, et l'abordait : mais ses grappins se rompirent, et *le Chester* réussit à se dé-

qui s'avance au milieu de la mer, et tendant une médaille à un marin en costume antique, qui la reçoit à genoux.

Cinq ans plus tard, en 1712, ce même Honnorat Toscan, alors maître d'équipage sous le chevalier de Fougeray, fut pris avec son vaisseau par *le South-Scas-Castel*. L'équipage anglais, ayant su que c'était lui qui avait accompli le beau fait d'armes que nous avons rapporté, lui fit essuyer mille traitements indignes.

J. C. le Bas sculp.

Le *Maure* abordant le *Rubi*.
M. de la Moinerie-Miniac.

L'*Achille* combattant le *Royal-Oak*.
M. le chevalier de Beauharnais.

gager. Alors *l'Amazone*, capitaine de Nesmond, qui suivait de près *le Jason*, s'avança à son tour pour aborder le vaisseau anglais. Une manœuvre trop précipitée lui fit manquer à lui aussi son abordage. Aussitôt le chevalier de Courserac, revenant à la charge, se présenta de nouveau par le travers du *Chester*, lui lança ses grappins et après un court combat, le contraignit à se rendre. *L'Amazone*, voyant *le Chester* accroché, prit le parti de donner dans la flotte marchande, ainsi qu'il avait été convenu, et réussit à s'emparer d'un assez grand nombre de bâtiments de transports.

De son côté, *le Maure*, capitaine de la Moinerie-Miniac, s'était présenté pour aborder *le Ruby*, matelot d'avant du commandant. Déjà, *le Mars*, la frégate que montait de Forbin, avait attaqué *le Ruby*, mais après avoir tiré quelques coups de fusil des hunes, il l'avait quitté. *Le Maure* prit sa place, aborda vaillamment l'anglais et l'enleva après une vive résistance. Cependant Forbin ne craignit pas, après la bataille, de prétendre que c'était lui qui avait enlevé ce vaisseau[1].

1. Le comte de Forbin, dans ses *Mémoires*, raconte la chose tout autrement que nous la racontons ici : non-seulement il se donne le beau rôle, mais encore il ne fait même pas mention de l'abordage du *Maure*. — « *J'abordai* (dit-il) *le vaisseau de cinquante pièces de canon, qui se rendit après un combat assez opiniâtre, dans lequel je perdis d'Alonne, mon capitaine en second, et trente soldats ou matelots.* » Puis il ajoute un peu plus loin : « *Je laissai au sieur de Lamonerie, capitaine de l'escadre de Dugué, le soin d'emmariner le vaisseau que je venais de prendre.* »

Ce récit est complétement en désaccord avec l'interrogatoire

Enfin M. de Beauharnais, capitaine de *l'Achille*, chargé d'aborder *le Royal-Oak*, était arrivé à toutes voiles sur ce vaisseau, l'avait accosté par le côté, puis, s'élançant lui-même à la tête de tout son équipage, il allait l'enlever, lorsque tout à coup le feu s'étant mis à des gargousses pleines de poudre, les ponts et les gaillards de *l'Achille* sautèrent avec plus de cent hommes. M. de Beauharnais dut pousser au large pour éteindre cet embrasement : il eut beaucoup de peine à en venir à bout, et, quand il y fut parvenu, *le Royal-Oak* avait profité de cette diversion pour faire de la voile et se mettre hors de portée.

C'est à ce moment que Duguay-Trouin, libre de ses mouvements depuis la prise du *Cumberland*, s'avançait au secours de ceux de ses camarades qui pouvaient avoir besoin de lui.

Sa première pensée fut de s'attacher à la pour-

subi à Brest, le lendemain de la rentrée des deux escadres dans ce port (le 30 octobre 1707), par le capitaine du *Ruby*, sir Periguin Bertier, devant le lieutenant général de l'amirauté, Guy de Coët-Losquet de Kaunot :

Cet interrogatoire porte en toutes lettres : (*le capitaine du* Ruby *déclare*) *que* le Lys *ayant attaqué le commandant*, *lui*, *fut aussi attaqué par* le Mars, *commandé par M. de Forbin*, *qui*, *l'ayant quitté sans lui tirer que quelques coups de fusil des hunes*, *il fut à l'instant abordé par* le Maure, *qu'après un rude abordage*, *il se rendit*, etc.

Puis, plus bas : *qu'il était armé par ordre de la reine d'Angleterre*, *sous commission du prince George*, *qu'il a mise entre les mains du sieur de la Moinerie*, *commandant ledit vaisseau* le Maure, *lorsqu'il se rendit à lui*, etc.

Il appert clairement de cet interrogatoire, que c'est *le Maure* et non pas *le Mars*, qui aborda *le Ruby* et lui fit baisser pavillon.

suite du *Royal-Ock*, de le rejoindre et de l'amariner, ce qu'il eût fait assez facilement et sans grand danger : mais il aperçut au même instant deux frégates de l'escadre de Forbin, *le Blak-Owal*, capitaine de Tourouvre, et *le Salisbury*, capitaine *Bart*, aux prises avec *le Devonshire* et sur le point d'être coulés bas par la formidable artillerie de ce gros vaisseau, monté à quatre-vingt-douze canons.

Entre la perspective d'une facile et fructueuse victoire et celle d'un combat glorieux et, peut-être, sanglant, mais utile à ses camarades, Duguay-Trouin ne balança pas un instant : il gouverna droit au *Devonshire*, pour l'aborder de long en long.

Il allait lancer ses grappins dans les haubans du vaisseau anglais quand il vit sortir de la poupe de ce vaisseau une épaisse fumée : le feu était à bord du *Devonshire! Le Lys* n'eut que le temps de se dégager au plus tôt et de se remettre à portée de pistolet, jusqu'à ce que, ce commencement d'incendie éteint, il pût revenir à la charge. En attendant, il dut se contenter d'envoyer à son redoutable ennemi bordée sur bordée.

Mais, dans un combat de cette nature, les quatre-vingt-douze canons du *Devonshire* et son nombreux équipage lui donnaient l'avantage. En moins de trois quarts d'heure, Duguay-Trouin eut trois cents hommes hors de combat et son vaisseau tout désemparé : les mâts, les voiles, les manœuvres, tout était haché par la mitraille : le gouvernail lui-même était à demi brisé.

Désespéré de voir tout son monde tomber autour de lui sans résultat, notre héros n'y tint plus et s'avança pour aborder son terrible adversaire, bien que l'incendie ne fût pas entièrement éteint.

Le Lys arrive à toutes voiles sur *le Devonshire*, ses vergues se croisent et se mêlent avec celles de son ennemi, et les deux vaisseaux se heurtent corps à corps : les vaillants marins de Duguay-Trouin, exaspérés par la mort de leurs camarades, s'élancent, la hache d'abordage à la main, sur les Anglais.

Tout à coup, M. de Brugnon, lieutenant en premier du *Lys*, qui commandait la mousqueterie et la manœuvre, court à Duguay-Trouin et lui fait remarquer que le feu se ranime avec la plus grande violence à bord du *Devonshire* et que de la poupe il se communique à ses haubans et à ses voiles de l'arrière ; dans quelques instants, si l'on ne se hâte pas de déborder, le feu gagnera *le Lys* et tout est à craindre.

Sans perdre un moment, Duguay-Trouin rappelle tout son monde, fait couper à coups de hache les manœuvres du bout des vergues qui sont embarrassées avec celles de l'ennemi, et, appareillant avec ce qui lui reste de voiles, il parvient à s'éloigner à une portée de pistolet du *Devonshire*.

Il était temps ! Quelques minutes après le feu enveloppait de l'avant à l'arrière l'énorme vaisseau, qui bientôt s'engloutissait avec tout son équipage sans que les spectateurs de ce drame effroyable pussent porter le moindre secours.

Embrasement du *Devonshire* abordé par le *Lys* commandé par M. Duguay-Trouin.

Trois matelots anglais échappèrent seuls à cette catastrophe; ils s'étaient aperçus à temps du motif qui faisait abandonner à Duguay-Trouin son abordage avec tant de précipitation, et avaient réussi à passer de vergue en vergue à bord du *Lys*.

Ces trois matelots assurèrent à Duguay-Trouin qu'il y avait à bord du *Devonshire*, outre l'équipage, plus de trois cents officiers ou soldats passagers, ce qui portait à plus de mille hommes le nombre des malheureux si affreusement engloutis.

Après cette sanglante affaire, *le Lys* se trouva tellement délabré qu'il resta deux jours sans pouvoir remuer. En outre, comme chacun des autres vaisseaux avait pris le parti de rallier l'escadre de Forbin ou de poursuivre les débris de la flotte anglaise, Duguay-Trouin fut obligé de se rétablir lui-même, tant bien que mal, avec ses seules ressources, afin de regagner le port.

Aussi, quand il arriva en rade de Brest, il y avait déjà deux jours que les vaisseaux de son escadre et ceux de l'escadre de Forbin étaient arrivés avec *le Cumberland*, *le Chester* et *le Ruby* et nombre de vaisseaux marchands que *l'Amazone* avait amarinés [1].

Chose difficile à croire! Forbin, qui, par ses lenteurs maladroites ou calculées, était cause que la

1. En outre, des corsaires étaient accourus au bruit du canon et s'étaient emparés d'un grand nombre de vaisseaux de transport, qu'ils avaient conduits dans différents ports.

flotte entière n'avait pu être détruite, Forbin n'avait pas eu honte de faire son entrée dans la rade de Brest en remorquant triomphalement *le Cumberland*, comme s'il en eût été personnellement vainqueur[1].

Puis, à peine arrivé à Brest, et sans attendre le retour du *Lys*, il avait envoyé le chevalier de Tourouvre, capitaine du *Black-Owal*, porter au ministre et au roi la nouvelle de ce beau combat; mais cet officier, aussi généreux que brave, se montra plus équitable que son chef et rendit pleine justice à Duguay-Trouin devant le roi.

Duguay-Trouin reçut peu après une lettre très-flatteuse de Pontchartrain, dans laquelle ce ministre lui annonçait que le roi lui accordait une pension de mille livres sur son trésor royal, en témoignage de sa satisfaction.

Duguay-Trouin répondit au ministre en lui demandant de reverser cette pension sur son capitaine

1. En rendant compte de cette campagne dans ses *Mémoires*, le comte de Forbin prétend que c'est la vivacité, la précipitation de Duguay-Trouin qui empêchèrent la destruction de cette flotte. Du reste, il ne se fit pas scrupule d'altérer les faits de la manière la plus grave. Aussi, après la publication de ces *Mémoires*, en 1729, l'indignation de Duguay-Trouin fut extrême : il fit venir de Brest un extrait des interrogatoires subis devant le lieutenant général de l'amirauté de Brest, par les trois capitaines anglais, sir Richard Bouard, chef d'escadre, capitaine du *Cumberland*, sir Jean Balchen, capitaine de vaisseau, capitaine du *Chester*, et sir Periguin Bertier, capitaine de vaisseau, capitaine du *Chester* : il lui fut ainsi facile de démontrer l'imposture de Forbin.

Ces extraits ont été publiés en tête des *Mémoires de Duguay-Trouin*, édition 1740 in-4°.

en second. M. de Saint-Auban, qui avait été très-grièvement blessé à l'abordage du *Cumberland :* en même temps il lui recommandait les officiers qui l'avaient valeureusement secondé, ajoutant qu'il se trouverait lui-même trop récompensé si l'on voulait bien donner à ses braves officiers l'avancement qu'ils avaient si bien mérité. Il finissait en demandant pour son frère et pour lui, en cas que le roi les jugerait dignes d'une faveur toute particulière, des lettres de noblesse.

Notre héros attachait une certaine importance à cette distinction beaucoup plus enviée à cette époque qu'aujourd'hui; mais c'était surtout à cause de son frère aîné, Luc de la Barbinais-Trouin, à qui il avait les plus grandes obligations, qu'il la demandait au ministre.

Pontchartrain accorda presque aussitôt à Duguay-Trouin tout ce qu'il avait demandé, sauf cependant les lettres de noblesse qu'il ne devait lui faire octroyer que deux ans plus tard.

Peu après, Duguay-Trouin se rendit en personne à Versailles afin de remercier le roi et de lui recommander ses officiers de vive voix : il obtint l'avancement du chevalier de Beauharnais, du chevalier de Courserac, de MM. de la Jaille, de Saint-Auban et de quelques autres.

Il saisit aussi cette occasion pour rendre au chevalier de Tourouvre, en présence du roi, la justice que celui-ci lui avait rendue quelques jours après le combat. Il fit à ce prince une si vive peinture de l'intrépidité du brave capitaine du *Black-Owal* que le roi, se tournant vers M. de Busca, lieutenant des gardes du corps, lui dit :

« Eh bien, monsieur de Busca, feu M. de Ruyter, votre bon ami, en eût-il fait autant ?

— Sire, répondit M. de Busca, on ne peut rien ajouter au portrait que fait M. Duguay-Trouin de la bravoure de M. de Tourouvre, et je n'en suis pas surpris, ayant connu deux de ses frères dans les troupes de terre de Votre Majesté, qui n'étaient pas moins valeureux que celui-ci. »

Le maréchal de Villars, qui était aussi présent, prit la parole à son tour et fit le plus grand éloge de la valeur et du mérite héréditaires dans la maison de Tourouvre.

Avant de quitter Versailles, Duguay-Trouin se rencontra, dans l'antichambre du ministre Pontchartrain, avec le comte de Forbin ; il y eut entre les deux capitaines, en présence du ministre, une scène des plus vives qui ne tourna pas à l'avantage de Forbin.

CHAPITRE VI.

SOMMAIRE. — *Campagne de* 1708. — Duguay-Trouin va croiser encore sur le passage de la flotte du Brésil. — Retards de cette flotte. — Duguay-Trouin, à bout de vivres, propose aux capitaines de son escadre d'aller attaquer sept vaisseaux de guerre portugais qui attendent la flotte aux Açores pour lui faire escorte; M. de Géraldin et les autres capitaines sont d'un avis contraire; Duguay-Trouin cède et ne prend ni les sept vaisseaux portugais, ni la flotte du Brésil. — Perte complète de l'armement. — *Campagne de* 1709. — Duguay-Trouin sort avec un seul vaisseau de guerre et trois frégates, et va croiser sur les côtes d'Angleterre. — Il attaque et disperse une flotte de soixante voiles escortée par trois vaisseaux de guerre; mais la tempête l'empêche de profiter de sa victoire; il ne ramène que deux prises. — Seconde croisière de Duguay-Trouin, avec *l'Achille* et *la Gloire* seulement. — Il attaque et enlève *le Bristol*, mais une escadre de quatorze vaisseaux de guerre anglais survient. — *Le Bristol* coule bas, *la Gloire* est prise; *l'Achille* seul s'échappe. — Lettres de noblesse accordées aux deux frères Trouin. — *Campagne de* 1710. — Duguay-Trouin va sur les côtes d'Irlande, avec cinq vaisseaux, attendre une riche flotte anglaise arrivant des Indes orientales. — Il prend *le Glocester*, gros vaisseau de guerre envoyé au-devant de cette flotte; mais il tombe malade, et la flotte profite d'un brouillard épais pour passer sans encombre, et réussit à entrer au port. — Duguay-Trouin rentre désarmer à Brest. — Son voyage à Versailles.

Pendant l'hiver (1707-1708) Duguay-Trouin s'occupa de faire armer à nouveau les six vaisseaux de son escadre, *le Lys*, *l'Achille*, *le Jason*, *la Gloire*, *l'Amazone* et *l'Astrée* : il arma en même temps deux autres vaisseaux, nommés *le Saint-Michel* et *la Dauphine*, que le roi lui avait accordés.

Cette fois encore, les frais de cet armement furent faits par une société de négociants sous la direction de la Barbinais-Trouin, frère aîné de notre héros ; lui-même prit un intérêt assez fort dans l'entreprise.

Duguay-Trouin ne fit confidence à personne du but de l'expédition qu'il préparait, afin de n'en pas compromettre d'avance le succès.

Il ne s'agissait pas moins que d'aller attendre au passage la flotte du *Brésil*, que de malheureuses circonstances avaient fait manquer, la précédente campagne, au vaillant capitaine.

Duguay-Trouin savait que le roi de Portugal, par mesure de prudence, avait envoyé sept vaisseaux de guerre au-devant de cette flotte et que ces vaisseaux devaient croiser vers les îles Açores, où elle passerait nécessairement pour se rafraîchir et prendre escorte.

Duguay-Trouin était donc assuré de ne pas manquer cette flotte à l'atterrage des Açores, s'il pouvait y arriver avant elle. Mais il fallait se hâter.

Vers la fin de juillet, l'escadre se trouva en état de prendre la mer.

Duguay-Trouin montait encore son beau vaisseau de soixante-quatorze canons, *le Lys*. *L'Achille*, de soixante-six canons, avait encore pour capitaine le chevalier de Courserac; *le Jason*, de cinquante-quatre canons, le chevalier de Nesmond; *la Gloire*, de quarante canons, M. de la Jaille. Quant à *l'Amazone*, de trente-six canons, ce fut le frère aîné de M. Courserac qui en prit le commandement : et M. de Kerguelin prit celui de *l'Astrée*, de vingt-deux canons. Enfin, les deux vaisseaux de guerre nouvellement accordés par le roi, *le Saint-Michel*, de soixante-quatorze canons, et *la Dauphine*, de cinquante-six canons, eurent pour capitaines : *le Saint-Michel*, M. de Géraldin, et *la Dauphine* le chevalier de Goyon[1].

L'escadre sortit le 27 juillet de la rade de Berthaume. Elle avait été rejointe par une frégate de Saint-Malo, de trente canons, nommée *le François-Desmarais* et commandée par le capitaine Joseph Gravé; cette frégate était armée par le sieur Joseph Gravé père, armateur malouin.

En outre, Duguay-Trouin emmenait pour lui servir d'éclaireur, une corvette de huit canons nommée *la Catherine;* cette corvette, construite à Middelbourg, devait tromper l'ennemi par sa structure hollandaise et rendre ainsi de grands services. Duguay-Trouin en avait donné le commandement à un jeune capitaine, nommé René Daniel, qui était son cousin et son filleul à la fois.

Le 3 août, à l'entrée du Tage, notre héros apprit

1. *Alias*, chevalier de Gouyon-Beaufort.

par un vaisseau suédois qui sortait de Lisbonne que les sept vaisseaux de guerre portugais étaient déjà partis depuis deux mois pour aller croiser sur les îles Açores et y attendre la flotte du Brésil ; c'était à Terceira, l'une de ces îles, que la flotte devait relâcher.

L'escadre cingla donc en toute assurance vers les Açores ; mais, pour ne pas laisser soupçonner sa présence à l'ennemi, elle s'alla placer à l'ouest, sur le chemin que devait suivre la riche flotte.

Si les vaisseaux de guerre portugais, en effet, venaient à avoir connaissance de l'escadre, ils ne manqueraient pas d'en prévenir la flotte qui changerait son itinéraire et peut-être réussirait à échapper à nos croiseurs.

Duguay-Trouin envoya la corvette *la Catherine* reconnaître les sept vaisseaux de guerre. Elle les trouva qui couraient des bordées à l'ouest du port de Terceira ; ils se composaient de trois vaisseaux portugais, dont un à trois ponts, et les deux autres de cinquante et de soixante-dix canons ; puis de trois vaisseaux anglais et d'un hollandais de pareille force.

Trois mois s'écoulèrent cependant sans que la flotte du Brésil parût à l'horizon ; Duguay-Trouin, étonné et inquiet de ce retard, envoyait tous les quinze jours *la Catherine* à la découverte, et chaque fois, la corvette revenait sans avoir rien vu que les sept vaisseaux de guerre courant des bordées sur les côtes des Açores.

Enfin, la vigie du *Lys* signala une voile qui venait de l'ouest et arrivait sur les îles. On lui appuya chasse aussitôt; malheureusement, elle réussit à s'échapper grâce à un brouillard épais et à la nuit qui survint.

Cet incident était des plus fâcheux, car la présence de l'escadre une fois connue, la flotte serait mise sur ses gardes et se détournerait de sa route.

En outre, Duguay-Trouin commençait à manquer d'eau ; quinze jours encore et il serait obligé d'interrompre sa croisière pour aller faire de l'eau et des vivres.

Dans cette nécessité pressante, il assembla en conseil tous les capitaines de son escadre et leur représenta combien il devenait urgent d'aller attaquer les sept vaisseaux de guerre ennemis, alors mouillés au port de Ciudad-del-Guarda, au sud de l'île de Saint-Michel.

« Nous trouverons, » leur dit-il, « dans ces vaisseaux assez d'eau et de vivres pour prolonger notre croisière jusqu'à l'arrivée de la flotte. En outre, si nous manquons la flotte, ces vaisseaux de guerre suffiront toujours pour payer notre armement, car les Portugais ont toujours beaucoup de canons de fonte. D'ailleurs, il est impossible que les ennemis n'aient été informés de notre croisière par ce vaisseau que la nuit nous a fait manquer ; si donc nous tardons davantage à les aller chercher, il est indubitable que nous ne les trouverons plus, et alors, pressés par le manque d'eau, il ne nous restera plus qu'à nous en retourner en France sans avoir rien fait, et notre armement entier sera perdu. »

Tout ceci était très-évident; cependant, M. de Géraldin, capitaine du *Saint-Michel* (le plus fort vaisseau de l'escadre après *le Lys*), fut d'un avis tout opposé; il insista pour qu'on demeurât à attendre la flotte.

« Cette flotte, » disait-il, « ne peut manquer d'arriver incessamment, le vent est bon pour l'amener. Si nous attaquons les sept vaisseaux de guerre, ils nous attendront de pied ferme, gardons-nous d'en douter (car ils sont, pour le moins, aussi forts que nous) et le sort des armes est incertain. Mais supposons que nous soyons vainqueurs, nous ne pouvons l'être sans que plusieurs de nos vaisseaux ne s'en trouvent désemparés et peut-être hors d'état de tenir la mer. D'ailleurs, au pis aller, nous serons toujours à même de les attaquer, et si vous vous hâtez trop, vous risquez de donner lieu à vos armateurs de vous reprocher d'avoir préféré, en cette occasion, votre gloire particulière à leurs intérêts. »

M. de Géraldin, compatriote et ami de Duguay-Trouin, était un fort bon marin et un fort brave capitaine; mais ce qui peut-être lui fit préférer, en cette circonstance, le parti le plus prudent et le moins avantageux, c'est que sa famille avait un gros intérêt dans l'armement de cette escadre, et qu'il pouvait craindre de voir sa fortune compromise.

Les autres capitaines se rallièrent tous, sans exception, à son avis, au grand désespoir de Duguay-Trouin qui pressentait tout ce qui devait en résulter de désastreux. Cependant notre héros, ne voulant pas se montrer trop entier dans ses opinions, ajourna son projet d'attaque à quelques jours de là.

Toutefois, avant de renvoyer ses capitaines à leur poste, il leur laissa un ordre de combat dans lequel il désignait à chacun d'eux le vaisseau qu'il devrait aborder, et leur recommanda de se tenir prêts à le suivre au premier signal qu'il donnerait.

Les jours suivants, la flotte attendue ne parut pas davantage; de moment en moment diminuait toute chance de compenser au moins par la prise des vaisseaux de guerre la perte des bâtiments marchands. Duguay-Trouin se désespérait de son inaction.

« Chaque jour que je différais d'aller aux ennemis, » disait-il depuis, « me paraissait une année, et j'avais toujours dans l'esprit les suites malheureuses de notre retardement, que je regardais comme inévitables. »

Enfin, au bout de quatre jours, il n'y tint plus, et, donnant le signal de l'attaque, gouverna sur les îles.

Aussitôt, M. de Géraldin lui dépêcha un officier pour lui demander encore trois jours de répit. Les officiers du *Lys*, ceux même qui étaient le plus dévoués à leur capitaine, séduits par la perspective de l'immense butin qu'ils devaient trouver sur la riche flotte du Brésil, se joignirent à l'officier du *Saint-Michel*, pour ébranler la résolution de Duguay-Trouin, et le pressèrent si instamment qu'il eut encore la faiblesse de céder.

Les trois jours expirés, l'escadre mit toutes ses voiles au vent et laissa arriver sur les îles. Il était trop tard, les ennemis n'y étaient plus!

Duguay-Trouin n'avait que trop bien prévu ce qui était arrivé. Loin de s'emporter cependant en vaines récriminations, il songea de suite à s'assurer si la flotte n'était pas passée à la faveur de la nuit, ou si, rejointe par les vaisseaux d'escorte, elle n'avait pas filé directement sur Lisbonne sans s'arrêter aux îles.

Il n'y avait qu'un moyen de se renseigner sûrement à ce sujet, c'était d'aller faire une descente dans l'une des Açores.

Il s'avança donc, avec toute son escadre, sur Orta, port de l'île de Fayal, passa entre l'île du Pic et celle de Saint-Georges, et vint mouiller en face de Las Velas, capitale de cette dernière île.

Les chaloupes de l'escadre débarquèrent sept cents soldats, sous les ordres du comte d'Arquien, capitaine en second du *Lys*. Cette attaque réussit à merveille; les braves marins eurent bientôt fait d'enlever les trois forts qui défendaient la ville et de mettre en fuite la garnison; ils la poursuivirent même si vivement qu'ils entrèrent derrière elle dans Las Velas et s'en emparèrent sans coup férir. La plupart des habitants avaient déjà abandonné la ville, et les religieuses mêmes s'étaient sauvées jusque dans les montagnes.

Profitant de ce prompt succès, Duguay-Trouin fit porter à terre un grand nombre de futailles pour les remplir d'eau, car il en manquait absolument. On lui apporta quinze drapeaux et cent canons qu'on avait trouvés dans la ville, ainsi qu'une assez grande quantité de grains et de vin dont les magasins étaient remplis.

Les prisonniers l'informèrent que les sept vaisseaux de guerre avaient quitté les îles depuis trois jours en apprenant sa présence et ses forces, pour s'en retourner directement à Lisbonne, mais que la flotte du Brésil n'était pas encore passée, et qu'on ne savait ce qui pouvait la retenir si longtemps.

Tout n'était donc pas perdu encore; si même la flotte arrivait maintenant, sa destruction n'en serait que plus certaine, les vaisseaux de guerre n'étant plus là pour la défendre.

A ce moment, une grande tempête s'éleva tout à coup et dispersa l'escadre. Duguay-Trouin se vit contraint de gagner précipitamment le large, sous peine de périr sur les écueils.

Ce ne fut que quelques jours après qu'il put se rapprocher de l'île Saint-Georges pour reprendre ses troupes de débarquement. Le mauvais temps le mit encore en grand danger de toucher et le força d'abandonner ses futailles et de se diriger en toute hâte sur les côtes d'Espagne pour s'y ravitailler.

Il donna rendez-vous aux capitaines de son escadre à Vigo. Aussitôt qu'elle serait en état de reprendre la mer, l'escadre devait revenir immédiatement attendre la flotte du Brésil à la hauteur de Lisbonne.

Malheureusement la mer ne se calmait pas, et la privation presque absolue d'eau allait forcer les vaisseaux de gagner le port le plus prochain à la hâte.

Le 8 octobre, *le Lys*, qui avait réussi à conserver *l'Achille*, *le François-Desmarais* et la corvette *la Catherine*, rencontra trois corsaires flessinguois qui escortaient trois prises: ces corsaires s'enfuirent aussitôt, mais pas assez rapidement pour que *le Lys* n'eût le temps de reprendre deux des trois prises: *le François-Desmarais* et *la Catherine*, hors d'état de continuer la croisière, reprirent le chemin de Brest avec ces deux vaisseaux, mais *le François-Desmarais* n'arriva pas au port et se perdit en mer.

Bientôt *la Dauphine* prit aussi le chemin de la France.

Puis *le Saint-Michel*, *le Jason*, *la Gloire* et *l'Amazone* se dirigèrent vers Cadix.

Le Lys, resté seul avec *l'Achille*, eut connaissance, le 25 octobre, de dix vaisseaux marchands qui lui échappèrent à la faveur de la nuit: le 29, il prit une flûte anglaise chargée de fer et de merruin et le 3 il arriva à Vigo.

Pendant qu'il se hâtait d'y faire de l'eau, afin de repartir immédiatement, un vaisseau marchand vint échouer à quatre lieues de là, dans le port de Pontenédro, où il fut pris par les Espagnols.

Ce vaisseau appartenait à la flotte du Brésil, et c'était la tempête qui l'avait poussé jusque-là.

En apprenant cette nouvelle, Duguay-Trouin sortit précipitamment de Vigo et courut, toutes voiles dehors, au-devant de la flotte. Il arriva trop tard; elle était entrée de la veille dans Lisbonne et les ports voisins, précisément au moment où il arrivait lui-même à Vigo. Il ne put prendre que deux petits bâtiments.

Il avait fallu une fatalité réellement extraordinaire pour que cette flotte, composée de lourds bâtiments mauvais marcheurs, eût pu arriver aux côtes de Portugal le 1er novembre, c'est-à-dire juste en même temps que Duguay-Trouin, qui avait huit jours d'avance sur elle, arrivait à Vigo. En effet cette flotte avait relâché aux Açores huit jours après que *le Lys* et *l'Achille* les avaient quittées avec le reste de l'escadre.

Au désespoir de voir se terminer ainsi cette désastreuse campagne, Duguay-Trouin, dont les vivres étaient consommées, prit le parti de retourner à Brest : il y arriva sans autre rencontre.

Quelques jours après, M. de Géraldin y arrivait de son côté avec *le Saint-Michel*, *le Jason*, *la Gloire*, *l'Amazone* et trois petites prises anglaises qu'il avait faites en sortant de Cadix.

C'est ainsi que, par une suite de circonstances fâcheuses, cette croisière, qui pouvait faire la fortune de notre héros et celle de ses armateurs, en causant un tort incalculable à l'ennemi, tourna au contraire d'une façon désastreuse.

Duguay-Trouin avait risqué une bonne partie de sa fortune, ainsi que son frère aîné, dans cet armement et sa perte complète les mit tous deux hors d'état de continuer la course dans des proportions aussi considérables.

Ce qui pesait le plus à Duguay-Trouin dans son malheur, c'était le regret de ne pas avoir écouté sa propre inspiration, quand il avait voulu attaquer les sept vaisseaux de guerre, et qu'il s'en était laissé détourner par les instances de son conseil.

« C'est le seul conseil que j'aie tenu de ma vie, » disait-il, « pour savoir s'il était à propos de combattre, et, si j'en suis le maître, ce sera le dernier. »

L'année suivante, malgré sa réputation, il ne trouva pas d'armateurs pour faire les frais d'une escadre entière. Son frère aîné, qui supportait ordinairement la plus forte partie de ces frais, était à moitié ruiné par les désastres de la précédente campagne: notre héros ne put donc appareiller qu'avec un seul vaisseau de guerre, *l'Achille* et trois frégates, *l'Amazone*, *la Gloire* et *l'Astrée*.

Vers la mi-février, il quitta Brest, déterminé à tout risquer pour prendre une éclatante revanche.

Il avait donné le commandement de *l'Amazone* à M. de Courserac aîné, celui de *la Gloire* à M. de la Jaille, celui de *l'Astrée* à M. de Kerguelin; et s'était réservé *l'Achille.*

Le bruit ayant couru qu'une flotte marchande assez considérable allait sortir de Kingsal[1], sou l'escorte de trois vaisseaux de guerre anglais, pour se rendre à différents ports d'Angleterre, Duguay-Trouin alla se porter sur les côtes d'Angleterre, de manière à se trouver sur le passage de la flotte.

Le 2 mars, au matin, par un grand frais d'ouest, il eut connaissance de l'ennemi, en vue du cap Lézard[2]; les trois vaisseaux de guerre étaient montés, le commandant à soixante-dix canons, le second à soixante et le troisième à cinquante-quatre: les vaisseaux marchands étaient au nombre de 60.

Malgré la grande infériorité de son artillerie (*l'Achille* n'avait que soixante-six canons, *la Gloire* en avait quarante, *l'Amazone* trente-six et *l'Astrée* trente-deux) et malgré l'agitation de la mer, Duguay-Trouin n'hésita pas un instant à donner le signal de l'attaque. La devise *audaces fortuna juvat* fut toujours un peu la sienne; *d'ailleurs*, se disait-il, *le vent s'apaisera peut-être pendant l'action.*

Il donna l'ordre à *l'Astrée* d'arriver sur la flotte et s'avança avec *l'Achille*, *l'Amazone* et *la Gloire* sur les trois vaisseaux de guerre qui l'attendaient en ligne au vent des bâtiments marchands.

L'Achille, prenant aussitôt l'avance, envoie en

1. Kingsal, port de l'Irlande méridionale.

2. Le cap Lezard (ou Lezad), à l'extrémité est des côtes d'Angleterre.

passant sa bordée de canon et de mousqueterie au matelot d'arrière du commandant anglais, puis, poussant droit à celui-ci, il l'aborde de long en long.

Malheureusement l'agitation des vagues était si grande qu'elle fit rompre les grappins, et les deux vaisseaux se séparèrent.

Sans se décourager, *l'Achille* revint trois fois de suite à la charge, mais trois fois de suite la violence de la mer le rejeta à distance: malgré les plus grands efforts, Duguay-Trouin ne put réussir à faire sauter un seul homme à bord du vaisseau anglais.

Toutefois, il tua ou dispersa tout ce qui était sur le pont de son ennemi, avec le feu de son canon et de sa mousqueterie; en outre, il lui coupa les vergues de misaine et des petits huniers, de sorte que ce gros vaisseau, hors d'état de se défendre et même de manœuvrer, s'en alla à la dérive.

Pendant ce temps *l'Amazone* et *la Gloire* soutenaient, chacun de leur côté, un combat des plus vifs contre les deux autres vaisseaux anglais, qui les accablaient de la supériorité de leur artillerie.

La Gloire surtout, qui était la plus faible, était dans un piteux état; elle avait perdu plus de la moitié de son équipage et ses manœuvres étaient si délabrées qu'elle arriva à poupe de *l'Achille*, aussitôt qu'elle le vit libre de son adversaire, et le pria de la couvrir pendant qu'elle travaillerait à se rétablir.

Bien que *l'Achille* fût lui-même assez désemparé et qu'il eût reçu une boulet dans sa soute aux poudres, Duguay-Trouin n'hésita pas venir au secours de son camarade et à partager son feu entre le commandant anglais, qui essayait encore de tirer quelques bordées, et l'adversaire de *la Gloire*.

Heureusement les trois vaisseaux anglais se trouvaient également délabrés et à peu près hors d'état de profiter de leurs avantages. Duguay-Trouin, qui le remarqua, ordonna à *l'Amazone* qui par bonheur n'était pas trop maltraitée, de donner dans la flotte : il se chargerait lui-même, avec *l'Achille* et *la Gloire*, rétablie tant bien que mal, de maintenir les trois vaisseaux anglais, et de les empêcher de faire un mouvement.

M. de Courserac, exécutant l'ordre de son commandant avec habileté et promptitude, amarina cinq bons vaisseaux, chargés de tabac, sans que les ennemis osassent rien tenter pour s'y opposer.

De son côté, *l'Astrée* s'était emparée depuis le commencement du combat, d'un assez bon nombre de bâtiments : malheureusement elle n'avait pu en amariner aucun, sa grande chaloupe ayant été brisée par la violence du vent: elle s'était contentée forcément de conserver ses prises du plus près qu'elle avait pu, en les tenant sous son canon.

Encouragé par l'attitude des ennemis qui ne répondaient que mollement à son feu, Duguay-Trouin eut l'audace de faire baisser pavillon à quatorze navires marchands de la flotte; il les plaça entre *la Gloire* et lui, afin de les amariner aussitôt que ses chaloupes, qui avaient été criblées de coups de canon, seraient en état de prendre la mer.

Jusqu'à ce moment notre héros avait partie gagnée; mais il comptait sans un orage épouvantable qui survint tout à coup, démâta *la Gloire* et coucha *l'Achille* le plat bord à l'eau : si, par bonheur, les écoutes de ses huniers ne s'étaient rompues, ce beau vaisseau s'abîmait dans la mer avec son vaillant capitaine et tout son équipage.

En outre, les quatorze vaisseaux marchands auxquels Duguay-Trouin avait fait baisser pavillon, profitèrent du désordre pour arriver vent arrière et s'échapper.

Les trois vaisseaux de guerre, abandonnant décidément la partie, se dirigèrent alors vers les côtes d'Angleterre.

De leur côté, les prises nombreuses que *l'Astrée* n'avait pas encore pu amariner poussaient au large, sans que celle-ci pût les empêcher.

Les cinq prises de *l'Amazone*, seules, restèrent au pouvoir des braves croiseurs, pour attester leur victoire.

Encore ces cinq prises ne devaient-elles pas arriver toutes au port.

En effet, la tempête, loin de se calmer, étant devenue plus affreuse encore, chaque vaisseau dut chercher à se sauver en gagnant le port le plus prochain.

L'Amazone et *l'Astrée* arrivèrent à Saint-Malo le

16 mars; le 18, deux des prises anglaises entrèrent au même port, c'étaient *le Joseph et Thomas*, de 300 tonneaux et *le Delfort* de même tonnage; l'un et l'autre arrivaient de Virginie[1].

Une troisième prise parvint à gagner Calais et à s'y mettre en sûreté, les deux autres firent naufrage sur les côtes d'Angleterre.

Quand à *l'Achille*, il fut vingt fois au moment de périr et ce ne fut qu'au prix des plus grands efforts et après avoir couru les plus grands dangers qu'il réussit à gagner Brest, avec *la Gloire*, également en fort mauvais état.

Cette courte croisière, si aventureuse et si agitée, fut loin de décourager Duguay-Trouin : il se hâta de faire rétablir *la Gloire* et *l'Achille*, et, dès que ces vaisseaux furent en état de reprendre la mer, il appareilla de Brest et s'en fut se porter à l'entrée de la Manche.

Il y découvrit bientôt un gros vaisseau qui courait vent arrière dans la direction des côtes d'Espagne : comme la nuit commençait à venir, il ne put le reconnaître ; toutefois, il le joignit vers les onze heures du soir et le conserva soigneusement toute la nuit.

Dès la pointe du jour, notre héros arriva vivement sur son ennemi : c'était un gros vaisseau de guerre

1. Rapport du lieutenant général de l'amirauté : « A comparu pardevant nous, etc., la demoiselle Charlotte Trouin de la Garde, faisant et agissant pour son frère de la Barbinais-Trouin, direceur des armements des vaisseaux du roi, etc. »

anglais de soixante canons, et tout neuf, nommé *le Bristol.*

Bien qu'il fût fort en état de soutenir le combat, *le Bristol* prit chasse immédiatement devant *l'Achille,* mais, tout en fuyant, il envoyait à son ennemi bordée sur bordée d'une batterie de six canons qu'il avait établie à l'arrière de sa poupe : or, comme il allait tout aussi bien que *l'Achille,* celui-ci se trouva avoir quantité de ses gens hors de combat avant d'avoir pu aborder l'Anglais : en outre, ses mâts et ses voiles furent fortement endommagés.

Enfin quand *le Bristol* vit qu'il allait être abordé par *l'Achille,* il voulut le prévenir et manœuvra de façon à lui mettre son beaupré dans les haubans.

Duguay-Trouin, attentif à la manœuvre, évita ce dangereux abordage et, venant brusquement au vent, aborda de long en long *le Bristol.*

Les grappins furent accrochés au milieu du feu des canons, de la mousqueterie et des grenades qui partaient de tous côtés, et les officiers de *l'Achille* sautèrent sur le pont anglais à la tête de leurs vaillants soldats. En moins de trois quarts d'heure d'une sanglante mêlée, *le Bristol* amena son pavillon.

Cette victoire coûta cher à Duguay-Trouin : son capitaine en second, M. de la Harteloire de Betz, fils d'un lieutenant général, fut frappé un des premiers en s'élançant à la tête de l'équipage ; deux autres officiers de grand mérite et environ quatre-vingts hommes furent également mis hors de combat.

En outre la mâture et les voiles de *l'Achille* étaient

affreusement délabrées, ses deux vergues de civadière brisées, son grand mât de hune percé de deux boulets et ses deux basses voiles complétement hachées.

Il est vrai que *le Bristol* avait bien plus souffert encore. En effet, en voulant mettre son beaupré dans les haubans de *l'Achille*, il avait présenté le côté au vent. *L'Achille*, de son côté, en voulant éviter cet abordage par une brusque manœuvre, avait pris la même position, de telle sorte que les deux vaisseaux se trouvèrent fort inclinés l'un sur l'autre au moment où les grappins de *l'Achille* accrochèrent *le Bristol*. Dans cette position les batteries de *l'Achille* se trouvèrent pointées à couler bas et donnèrent dans la carène du *Bristol*.

Aussi le vaisseau anglais avait à peine amené son pavillon qu'il vint ranger le bord de *l'Achille* et l'avertir qu'il allait couler bas immédiatement, si l'on ne se hâtait pas de lui porter secours.

Duguay-Trouin mit aussitôt sa chaloupe à la mer avec trois officiers, des calfats des charpentiers et quelques soldats. *La Gloire*, qui n'avait pris aucune part à l'affaire et qui venait seulement de rejoindre *l'Achille*, retardée qu'elle avait été par l'infériorité de sa marche, envoya de son côté sa chaloupe au secours du *Bristol*.

Sur ces entrefaites, une escadre de quatorze vaisseaux de guerre anglais parut tout à coup à trois lieues en mer et arriva avec tant de vitesse que Duguay-Trouin n'eut pas le temps de retirer ses gens du *Bristol*; et ce beau vaisseau, entouré avant d'avoir pu être rétabli, coula bas au milieu des bâtiments anglais, entraînant avec lui son équipage et la plupart des gens que *l'Achille* et *la Gloire* y avaient envoyés.

M. de Sabrevois, premier lieutenant sur *l'Achille*, officier d'une grande valeur, périt en cette occasion; M. de Noilles, troisième lieutenant sur *la Gloire* et M. de Cussy, troisième enseigne sur *l'Achille*, furent recueillis, avec quelques soldats, par les chaloupes des vaisseaux.

Duguay-Trouin, pendant que l'escadre était occupée et retardée à recueillir les débris du *Bristol*, avait fait de la voile en donnant l'ordre à *la Gloire* de chercher à se sauver de son côté.

Mais bientôt les Anglais commencèrent la chasse. Trois ou quatre des meilleurs marcheurs se détachèrent sur *la Gloire* et ne tardèrent pas à la joindre. M. de la Jaille se défendit avec une valeur merveilleuse, mais il finit par succomber sous le nombre et se rendit.

L'Achille fut plus heureux : il réussit à s'échapper, malgré l'état de délabrement où il se trouvait, et quelques jours après, le 30 mai, il arrivait à Brest, avec une frégate anglaise qu'il avait rencontrée à l'entrée de la Manche et qu'il avait prise, après un combat assez vif.

Cette fois encore la fatalité avait voulu qu'une croisière commencée heureusement, tournât d'une façon désastreuse pour notre héros ; et jamais pourtant il n'avait montré plus d'intrépidité et plus d'habileté.

Le mois suivant, il reçut une récompense, bien due à ses longs et glorieux services. Le ministre lui écrivit en date de juin 1709, que le roi venait de lui accorder, à lui et à son frère aîné, La Barbinais-Trouin, des lettres de noblesse.

Les deux frères attachaient beaucoup de prix à cette distinction, alors fort recherchée. Après sa belle campagne de 1707, Duguay-Trouin l'avait sollicitée auprès du ministre Pontchartrain; celui-ci ayant ajourné la faveur, les deux Trouin s'étaient occupés de faire rechercher des titres et des papiers que la Barbinais-Trouin avait laissés jadis à Malaga, lorsque la déclaration de guerre avec l'Espagne l'avait forcé de quitter précipitamment son consulat. Ils se flattaient d'établir, avec ces titres, la noblesse de leur extraction, dont, disaient-ils, ils avaient souvent entendu parler dans leur enfance. Les lettres de noblesse que le roi leur concéda vinrent arrêter ces recherches qui n'eussent peut-être pas amené les résultats sur lesquels comptaient les deux frères.

Ces lettres de noblesse relataient les principaux combats livrés par Duguay-Trouin et constataient que *depuis qu'il s'était adonné à la marine, il avait pris plus de trois cents navires marchands et vingt vaisseaux de guerre ou corsaires ennemis*[1].

1. Les armoiries sont : un écu d'argent, à une ancre de sable,

Duguay-Trouin se rendit à Versailles pour remercier le roi et lui faire sa cour, pendant qu'en son absence M. de Courserac mettait à la mer avec *le Jason*, *l'Amazone* et *l'Astrée*, et faisait plusieurs prises qu'il ramenait saines et sauves à Brest.

Notre héros ne resta pas longtemps à Versailles; il n'était pas fait pour le métier de courtisan, et pensait qu'il faisait mieux sa cour au roi en combattant ses ennemis qu'en paradant dans les galeries de son palais.

Aussitôt qu'il fut de retour à Brest, il s'occupa de l'armement des vaisseaux qu'il devait commander la campagne suivante.

Le trésor était alors dans une extrême détresse et le matériel de l'armée navale s'en ressentait; aussi les vaisseaux que Duguay-Trouin eut à sa disposition cette année 1710 furent-ils les mêmes qu'il commandait depuis quelques années déjà : *le Lys*, *l'Achille*, *le Jason*, *l'Amazone* et *la Dauphine*.

Duguay-Trouin appareilla dès le commencement du printemps avec sa petite escadre. Il montait *le Lys*, le comte d'Arquien *l'Achille*, M. de Courserac aîné *le Jason*, M. de Kerguelin *l'Amazone* et M. de Courserac jeune *la Dauphine*.

L'escadre alla établir sa croisière au large des Blaskets, sur les côtes d'Irlande, Duguay-Trouin

et un chef d'azur chargé de deux fleurs de lis d'or; cet écu, timbré d'un casque de profil, orné de ses lambrequins d'or, d'azur, d'argent et de sable; et au-dessus, en cimier, pour devise : *Dedit hæc insignia virtus.*

ayant eu avis que cinq vaisseaux anglais devaient arriver des Indes orientales sous l'escorte de deux vaisseaux de guerre de soixante-dix canons et entrer dans un port d'Irlande. En outre, le bruit courait que deux autres vaisseaux de guerre de première force devaient prendre la mer pour aller au devant des cinq bâtiments marchands dont le chargement était d'une valeur immense.

Effectivement l'un de ces deux vaisseaux de guerre ne tarda pas à se montrer aux vigies de Duguay-Trouin qui, prenant aussitôt l'avance sur les autres vaisseaux de son escadre, laissa arriver sur l'Anglais, toutes voiles dehors, et le joignit.

Ce vaisseau était monté à soixante-six canons et se nommait *le Glocester*. Duguay-Trouin l'aborda vivement et l'enleva après une heure de combat.

Le Glocester était tout neuf et allait fort bien : Duguay-Trouin lui forma un équipage complet, lui donna pour capitaine M. de Nogent, capitaine en second du *Lys*, et de la sorte l'escadre se trouva augmentée d'un bon vaisseau de plus.

Quelques jours après, le second vaisseau de guerre anglais qui devait aller au-devant des cinq bâtiments marchands, parut à son tour, mais, plus heureux que son camarade, il réussit à s'échapper. Dès lors la fortune qui d'abord avait semblé vouloir se montrer pour Duguay-Trouin parut tourner contre lui.

En effet une violente dyssenterie vint clouer notre héros dans son lit : en outre un brouillard épais s'éleva et pendant quinze jours entiers mit l'escadre dans l'impossibilité de s'opposer au passage de la proie qu'elle attendait.

Duguay-Trouin, tout malade qu'il était, ne pensait qu'aux cinq bâtiments marchands et le pressentiment qu'ils allaient lui échapper ne faisait qu'aggraver son mal.

Enfin, le brouillard s'étant dissipé, l'escadre courut aussitôt, toutes voiles au vent, sur les côtes d'Irlande, où elle arriva juste à temps pour voir les riches vaisseaux entrer sains et saufs dans les ports de Cork et de Kingsal.

Un des vaisseaux de guerre de l'escorte était resté seul en arrière : *le Jason* le joignit et lui envoya bordée sur bordée, sans pouvoir l'empêcher cependant de se réfugier derrière des écueils inconnus à nos marins.

Cette belle occasion manquée, l'escadre revint désarmer à Brest. Elle y arriva bientôt avec une prise anglaise chargée de tabac, qu'elle fit à l'entrée presque du port.

Duguay-Trouin fut débarqué mourant, et demeura assez longtemps avant de se rétablir.

Il fit un nouveau voyage à Versailles, dès qu'il fut bien portant. C'est pendant ce voyage qu'il résolut et prépara l'entreprise hardie qui fit connaître son nom à toute l'Europe et lui assure une renommée éternelle dans la postérité.

CHAPITRE VII.

SOMMAIRE : Expédition de Rio-de-Janeiro. — Préludes de l'expédition : Duguay-Trouin rencontre, une première fois, la flotte du Brésil ; l'année suivante, il va croiser sur son passage, mais le mauvais temps la lui fait manquer ; elle lui échappe une troisième fois l'année d'après. — Duguay-Trouin forme le projet d'aller au Brésil même rançonner Rio-de-Janeiro et venger Duclerc. — Devis de l'expédition : les frais sont partagés entre neuf directeurs de l'armement. — Départ de la flotte le 3 juin 1711. — Arrivée devant Rio-de-Janeiro. — L'entrée de la baie est forcée. — Débarquement des troupes et siége en règle de la place. — Sortie manquée des assiégés. — Dernière sommation des assiégeants. — Entrée de Duguay-Trouin dans Rio-de-Janeiro. — La ville se rachète. — Retour de la flotte. — Elle est dispersée par la tempête et manque de périr. — Arrivée en France le 6 février 1712. — Résultats de l'expédition ; immense dommage causé au Portugal. — Indifférence et injustice rencontrées par Duguay-Trouin. — Tardives satisfactions qui lui sont accordées.

Il y avait déjà plusieurs années que Duguay-Trouin rêvait aux moyens d'aller puiser à même aux sources fortunées d'où les Portugais tiraient chaque année de si riches revenus !

Nous avons vu qu'une première fois, en 1706,

notre héros, avec les vaisseaux *le Jason*, *le Paon* et *l'Hercule*, avait rencontré, à la hauteur des bouches du Tage, la flotte marchande qu'il appelait la flotte du Brésil. Cette flotte, forte de deux cents voiles, était escortée par six vaisseaux de guerre portugais de cinquante à quatre-vingts canons. Duguay-Trouin ne pouvait songer à s'attaquer à si forte partie: toutefois, ayant remarqué un peloton de vingt vaisseaux marchands qui se trouvait séparé avec un seul vaisseau de guerre, il arriva vivement sur celui-ci: malheureusement une fausse manœuvre de son camarade, de Druis, capitaine de *l'Hercule*, lui fit manquer son abordage: il revint trois fois à la charge sans plus de succès, et ne put empêcher les vaisseaux portuguais de se réfugier derrière de dangereux écueils situés près de Lisbonne. Ces vaisseaux étaient d'une valeur immense, le vaisseau de guerre que Duguay-Trouin eût certainement pris sans la maladresse de son camarade, valait à lui seul deux millions de piastres. Cette magnifique occasion manquée parut laisser à notre héros de vifs regrets.

Dès l'année suivante, ainsi que nous l'avons vu, il alla croiser à la hauteur de Lisbonne avec les six vaisseaux *le Lys*, *l'Achille*, *la Gloire*, *le Jason*, *l'Amazone* et *l'Astrée*, dans l'intention d'attendre au passage la flotte marchande portugaise; mais il ne put la rencontrer et dut rentrer désarmer à Brest sans en avoir eu connaissance.

L'année d'après, bien décidé cette fois à ne pas

laisser échapper sa proie, Duguay-Trouin prépara une véritable expédition. Il se rendit d'abord en personne à Versailles pour obtenir du roi un nombre suffisant de vaisseaux : on lui en accorda sept qu'il se hâta d'armer dans le plus grand secret, à l'aide d'une compagnie d'armateurs, dirigée par son frère le Barbinais-Trouin; lui-même il mit presque tout ce qu'il possédait dans cette entreprise. Quand la petite escadre fut en état de prendre la mer, il alla croiser sur les îles Açores, où la flotte devait prendre une escorte de sept vaisseaux de guerre. Malheureusement les mauvais temps retardèrent considérablement cette flotte : Duguay-Trouin, inquiet de ne rien voir après trois mois d'attente, voulut au moins aller attaquer et prendre les sept vaisseaux d'escorte : ses officiers, craignant de manquer la flotte, le pressèrent de renoncer à son projet, il céda malgré lui, puis quand il voulut se raviser, il était trop tard, les vaisseaux avaient eu vent de sa présence et s'étaient sauvés. Toutefois, la flotte n'étant pas encore passée, tout n'était pas perdu. Duguay-Trouin se hâta d'aller faire des vivres et de l'eau à Vigo pour venir reprendre ensuite sa croisière; mais le mauvais temps dispersa et retarda son escadre et la flotte du Brésil, trouvant le champ libre, passa sans encombre et arriva saine et sauve au port.

Cette riche occasion était encore manquée! mais le désastre était complet cette fois : tous les frais de l'armement se trouvèrent complétement perdus.

Aussi les années suivantes, nous ne voyons plus Duguay-Trouin sortir qu'avec cinq ou six vaisseaux de force moyenne, et toujours les mêmes.

Cependant la pensée de ces richesses immenses qui traversaient chaque année les mers poursuivait toujours notre héros : il n'avait pas renoncé à l'espoir de s'enrichir un jour, lui et sa famille, par ce moyen.

A force d'y songer, il lui vint à l'esprit qu'au lieu d'attendre au passage cette magnifique proie que les mauvais temps, de fausses manœuvres, ou le hasard pouvaient lui faire manquer, il était plus simple et plus sûr d'aller la chercher là même d'où elle partait chaque année pour se rendre en Europe.

Les Portugais sont loin de s'attendre à une pareille surprise, se disait Duguay-Trouin, il y a donc de grandes chances pour qu'une expédition secrètement préparée et rapidement conduite trouve la ville de Rio-de-Janeiro sans défense, et en ait bon marché.

Déjà du reste, l'année précédente, un autre que Duguay-Trouin avait eu la même idée.

Le capitaine de vaisseau Duclerc[1] avait tenté de prendre de vive force la capitale du Brésil avec cinq vaisseaux de guerre et environ mille soldats de la marine royale. Malgré ces forces évidemment insuffisantes, le capitaine Duclerc n'avait pas craint de donner l'assaut à la ville et aux forts de Rio-de-Janeiro. Beaucoup de ses soldats et de ses officiers

1. *Alias* du Clerc.

payèrent de leur vie cette audacieuse entreprise et tout ce qui ne fut pas tué fut pris; Duclerc lui-même dut se rendre à composition avec environ six ou sept cents de ses gens.

Le bruit de cette tentative et de son peu de succès arriva jusqu'en France : on ajoutait que Duclerc avait été assassiné au mépris de la capitulation qu'il avait signée, que les chirurgiens français à qu l'on avait permis de descendre des vaisseaux, pour panser les prisonniers blessés, avaient été massacrés dans les rues de la ville, et qu'enfin les officiers et les soldats, qui avaient été pris, étaient victimes de cruautés de toutes sortes et qu'on les faisait mourir dans leurs cachots de faim et de misère.

Loin d'ébranler Duguay-Trouin dans sa résolution, tous ces bruits ne firent que l'y fortifier en lui fournissant un excellent prétexte. Ce n'était plus seulement pour mettre la main sur les richesses de cette opulente colonie portugaise qu'il allait combattre, mais pour venger ses compatriotes indignement égorgés, contre la foi des traités, et pour rendre la liberté à ceux qui étaient encore retenus dans les fers.

Mais le grand point, pour ne pas avoir le même sort que Duclerc, était d'arriver au Brésil en force suffisante : il fallait donc une nombreuse artillerie, des troupes réglées de terre et de mer et, pour transporter tout ce monde, en même temps que le matériel et les vivres nécessaires, il fallait un grand nombre de vaisseaux, une flotte entière. C'était une véritable expédition qu'il s'agissait de préparer.

On n'ignorait pas ailleurs que, depuis la tentative de Duclerc, le roi de Portugal avait fait doubler les fortifications de Rio de Janerio déjà renommée comme place forte, et qu'il y avait envoyé en dernier lieu quatre vaisseaux de guerre de 56 à 74 canons et trois frégates de 36 à 40 canons; qu'en outre, cette petite flotte était chargée d'une artillerie nombreuse, de quantité de munitions de guerre, et de cinq régiments de soldats d'élite, commandés par un officier éprouvé, don Gaspard d'Acosta.

Duguay-Trouin savait tout cela : il avait étudié la question sous toutes ses faces.

Il fit un état complet et détaillé des vaisseaux, des officiers, des troupes de terre, des équipages, puis des vivres et des munitions de toutes sortes nécessaires à son expédition. Cet état se montait à la somme de 12 000 livres tournois, non compris les salaires, payables au retour.

Ce premier point fixé, Duguay-Trouin se rendit à Versailles pour soumettre son projet au ministre de la marine, Pontchartrain.

Malheureusement l'épuisement des ressources de l'État se prêtait mal au plan de Duguay-Trouin; les magasins du roi étaient vides ou à peu près, et tout le matériel de la marine dans le plus triste état.

Le ministre parut goûter l'idée de notre héros, mais il lui déclara nettement que la détresse du royaume ne pouvait permettre au roi de prendre aucune part aux frais de l'armement; tout au plus fallait-il espérer que le roi accorderait ses troupes et ses vaisseaux, à la charge, pour les armateurs, de payer les unes et d'équiper les autres.

Duguay-Trouin ne se découragea pas, il s'adressa de confiance à son frère et à trois de ses meilleurs amis, qui de tout temps l'avaient aidé de leur bourse et de leur crédit, et s'étaient toujours trouvés, avec son frère, à la tête des armements de ses vaisseaux. C'étaient M. Gallet de Coulanges, qui devint plus tard maître d'hôtel ordinaire du roi et contrôleur général de la maison de S. Majesté, M. de Beauvais-Lefer, qui devait, plus tard en 1736, à la mort de Duguay-Trouin, se trouver maire de Saint-Malo, et M. de la Saudre-Lefer, autre négociant de Saint-Malo fort estimé et fort accrédité.

MM. de Coulanges, de Beauvais-Lefer et de la Saudre-Lefer se mirent à la disposition du vaillant capitaine; toutefois, comme il s'agissait d'une somme considérable, ils s'adjoignirent trois autres riches armateurs de Saint-Malo, MM. de Belle-Isle-Pépin, de l'Épine-Danycan et Nicolas Chapdelaine. Un septième négociant, M. de Langrolé-Couin, se joignit bientôt de lui-même aux six premiers, ce qui porta le nombre des directeurs de l'armement à huit, en y comprenant la Barbinais-Trouin.

Les capitaux étaient trouvés : il fallait maintenant s'assurer l'obtention définitive des troupes et des vaisseaux du roi.

Les deux frères Trouin partirent pour Versailles avec M. Gallet de Coulanges, homme d'une adresse et d'une dextérité admirables, et qui jouissait d'un certain crédit à Versailles.

M. Gallet de Coulanges sut si bien faire briller aux yeux du ministre le succès assuré de l'expédition et la gloire qui ne manquerait pas d'en rejaillir sur les armes du roi, qu'il triompha des irrésolutions de Pontchartrain.

En outre, Duguay-Trouin eut le bonheur que le comte de Toulouse, fils légitimé du roi et grand amiral de France[1], s'enthousiasmât pour son audacieuse entreprise et demandât à entrer pour une forte somme dans les frais de l'armement.

Tout s'arrangea dès lors à merveille. Le comte de Toulouse se rendit chez le roi avec le ministre : tous deux parlèrent si chaudement de l'expédition et de la valeur de Duguay-Trouin que le roi accorda tout, troupes et vaisseaux.

Aussitôt Duguay-Trouin arrêta un traité en forme avec son frère et M. de Coulanges, agissant au nom et pour le compte des autres intéressés.

La Société se trouva définitivement constituée et partagée en seize directions.

Les seize directions furent réparties entre les neuf directeurs; le comte de Toulouse fut compris pour deux directions, ainsi que M. de Beauvais-Lefer et

1, Louis-Alexandre de Bourbon, comte de Toulouse, duc de Penthièvre, grand amiral de France, gouverneur de Bretagne, etc., était fils légitimé de Louis XIV et de Mme de Montespan.

de l'Épine-Danycan; MM. Gallet de Coulanges et la Barbinais-Trouin furent compris chacun pour pour trois directions, les quatre autres, MM. de la Saudre-Lefer, de Langrolé-Couin, de Belle-Isle Pépin et Nicolas Chapdelaine, pour une direction chacun.

Ces points importants réglés, Duguay-Trouin et son frère se hâtèrent de quitter Versailles et de retourner à Brest, afin d'armer et d'équiper les vaisseaux de l'expédition le plus promptement possible. En effet une des conditions les plus importantes du succès de l'entreprise était la rapidité et le secret avec lesquels elle serait préparée.

Les deux frères présidèrent eux-mêmes à Brest, à tous les détails de l'armement des cinq gros vaisseaux de guerre *le Lys*, *le Magnanime*, *le Brillant*, *l'Achille*, et *le Glorieux*, dont deux, *le Lys* et *l'Achille*, avaient déjà couru les mers sous Duguay-Trouin depuis quatre ans, : ces cinq vaisseaux, excellents marcheurs, étaient montés, *le Lys* et *le Magnanime* à 74 canons et les trois autres à 66 canons. En outre, cinq frégates, *la Bellone*, montée à 36 canons et à deux mortiers, *l'Amazone*, montée à 36 canons, *l'Argonaute*, à 46, *l'Astrée* à 22 et *la Concorde* à 20, étaient entre les mains des ouvriers charpentiers et calfats dans la rade de Brest. Nous avons déjà eu occasion également de rencontrer les noms de *l'Amazone* et de *l'Astrée* dans l'histoire des dernières campagnes de notre héros. Quant à *la Concorde*, elle était armée en gabare et jaugeait 400 tonneaux : elle était destinée à emporter tout un chargement de futailles pleines d'eau et à servir de vivandier à l'escadre.

En même temps que ces dix vaisseaux étaient en voie de construction ou de réparation à Brest, d'autres étaient armés sous main dans différents ports. Duguay-Trouin, pour ne pas exciter les soupçons, faisait agir indirectement des personnes étrangères et les chargeait de diriger ces travaux sans annoncer leur destination.

C'est ainsi qu'à Rochefort un beau vaisseau, percé à soixante-six canons et monté à soixante, nommé *le Fidèle*, et une frégate de quarante canons nommée *l'Aigle*, se mettaient en état de prendre la mer.

A la Rochelle, deux traversiers à bombes équipés en galiotes et montés à deux mortiers chacun, *la Françoise* et *le Patient*, et deux frégates corsaires de Saint-Malo, l'une, *le Chancelier*, de quarante canons et l'autre *la Glorieuse* de trente, attendaient le moment de rallier le corps de l'escadre.

Enfin un magnifique vaisseau de 56 canons, *le Man* était armé à Dunkerque sous prétexte d'aller en course dans les mers du Nord, comme il en avait l'habitude, mais en réalité dans le but de se joindre à Brest même à l'expédition.

Malgré toutes les précautions de Duguay-Trouin, il ne put faire cependant que quelque chose de ces préparatifs ne transpirât à l'étranger. Il eut avis un beau jour qu'on travaillait activement en Angleterre à mettre en état une forte escadre de vingt vaisseaux de guerre, destinée à venir le bloquer lui-même dans la rade de Brest.

La reine d'Angleterre s'était inquiétée en apprenant ce redoutable armement dont on ignorait la destination et craignant que le projet de Duguay-Trouin ne fût de transporter le Prétendant sur la côte anglaise avec une armée, elle s'était hâtée de rappeler six mille hommes de troupes réglées qu'elle avait envoyés en Flandre; en même temps elle avait ordonné qu'on fît les plus grands préparatifs sur les côtes pour s'opposer à une descente. Puis, non contente de ceci, elle avait envoyé des vaisseaux d'avis et des bâtiments de guerre dans ses principales colonies, dans le cas où l'expédition de Duguay-Trouin se porterait de ces côtés.

Pendant que les Anglais, auxquels notre vaillant capitaine ne songeait pas, se donnaient tous ces mouvements, celui-ci achevait ses derniers préparatifs. Il avait fait une telle diligence qu'au bout de deux mois tout se trouva prêt.

Sa première intention était d'attendre que les vaisseaux qu'il faisait armer à Rochefort, à la Rochelle et à Dunkerque fussent venus le rejoindre, afin de quitter Brest avec son escadre complète, e de faire voile directement sur le Brésil; mais, sur la nouvelle que la flotte anglaise allait de son côté prendre la mer, il résolut de la prévenir et, le 3 juin, il appareilla avec ses cinq vaisseaux, ses cinq frégates et *le Mars*, qui venait d'arriver de

Dunkerque : son projet était de rallier au passage les autres vaisseaux de son escadre et de se diriger aussitôt vers l'Amérique.

Il n'y avait pas deux jours que Duguay-Trouin avait quitté Brest, que la flotte anglaise arriva pour le bloquer; en apprenant que l'infatigable et vigilant capitaine, qu'elle comptait surprendre, était hors de son atteinte, elle se retira comme elle était venue. Toujours est-il que si Duguay-Trouin n'avait pas eu la bonne inspiration de faire une extrême diligence, son expédition courait grand risque d'être arrêtée dès l'origine.

Le 4, Duguay-Trouin rallia au Port-Louis *le Chancelier* et *la Glorieuse*.

Le 6, il mouilla devant la Rochelle, où *le Fidèle*, *la Françoise* et *le Patient*, se joignirent au reste de l'escadre.

Le 9, tous les vaisseaux de l'expédition étant rassemblés à l'exception de la frégate *l'Aigle*, qui n'était pas encore en état de prendre la mer, Duguay-Trouin mit définitivement à la voile : *l'Aigle* reçut l'ordre de rejoindre l'escadre aux îles du cap Vert.

Voici, en résumé, les vaisseaux qui composaient cette escadre, avec les noms de leurs capitaines [1].

D'abord les sept vaisseaux de guerre : *le Lys* vaisseau commandant, monté par Duguay-Trouin luimême, et sous lui par M. de Terville, lieutenant de vaisseau ; *le Magnanime*, commandé par le cheva-

1. Tous ces vaisseaux sont classés ici par ordre de force.

lier de Courserac, capitaine de frégate; *le Brillant*, commandé par le chevalier de Goyon, capitaine de frégate; *l'Achille*, par le chevalier de Beauve, lieutenant de vaisseau; *la Glorieuse*, par M. de la Jaille, lieutenant de vaisseau; *le Fidèle*, par M. de la Moinerie-Miniac, servant de capitaine de frégate par ordre; et enfin *le Mars*, par M. de la Cité-Danican, commissionné capitaine de frégate;

Puis les huit frégates: *l'Argonaute*, commandée par le chevalier du Bois de la Motte, enseigne de vaisseau; *l'Aigle*, commandée par M. de la Mar de Can, capitaine de flûte avec commission de lieutenant de vaisseau; *le Chancelier*, par M. Durocher-Danican, sans commission du ministre; *la Bellone*, par M. de Kerguelin, capitaine de brulôt; *l'Amazone*, par M. du Chesnay le Fer, commissionné lieutenant de vaisseau; *la Glorieuse*, par M. de la Perche, sans commission du ministre; *l'Astrée*, par M. de Rogon, commissionné capitaine de brulôt; et enfin *la Concorde*, par M. de Pradel Daniel, commissionné lieutenant de vaisseau.

Enfin les deux traversiers à bombes: *la Françoise*, commandée par le maître pilote la Caillodière, et *le Patient*, par le maître pilote Métifeu.

De ces dix-sept bâtiments, douze seulement étaient armés par la société des neuf directeurs; les cinq autres avaient été équipés aux frais d'armateurs particuliers, en dehors de la société principale.

Ces cinq bâtiments étaient: *le Mars*, *l'Argonaute*

et *la Concorde*, équipés par des armateurs particuliers de Saint-Malo ; puis *le Chancelier* et *la Glorieuse*, armés par leurs propriétaires même, *le Chancelier*, par M. de la Tranchardière et *la Glorieuse*, par M. de la Motte-Gaïllard.

L'artillerie de l'expédition se composait de sept cent trente-huit canons montés et de six mortiers ; ces derniers placés, savoir : deux à bord de *la Bellone* et deux à bord de chacun des deux traversiers à bombe, *la Françoise* et *le Patient*.

Le personnel, en y comprenant les états-majors, les équipages des vaisseaux et les troupes de débarquement, se montait au chiffre de cinq mille six cent quatre-vingt-quatre hommes, suivant Ozanne, ou de cinq mille huit cent vingt-quatre hommes, suivant un auteur moderne, M. de la Landelle [1].

L'escadre emportait pour huit mois de vivres, un approvisionnement complet de munitions de toute sorte, de tentes, d'outils, et tout l'attirail nécessaire pour camper et établir un siége en règle.

Duguay-Trouin emmenait en outre un certain nombre d'officiers choisis pour mettre à la tête de ses troupes. M. de la Ruffinière devait commander l'artillerie ; un officier d'une grande valeur, M. de Saint-Germain, aide-major de la marine à Toulon, avait été nommé spécialement par la cour pour servir de major-général à l'expédition ; MM. de

1. Porée-Duparc, qui écrivait deux ans seulement après l'expédition, affirme qu'il faut ajouter à ce chiffre deux mille cinq cents soldats de la marine royale.

Bouville et de Boutteville lui étaient adjoints comme aide-major général et comme aide-major : d'autres officiers, le marquis de Saint-Simon, M. de Brugnon etc., prirent également passage sur la flotte.

Enfin M. de Ricouart, inspecteur de la marine, avait été nommé intendant de l'escadre et s'était embarqué à bord du *Lys*.

Ajoutons, pour donner un dernier détail qui ne laisse pas d'avoir son côté piquant, que sur la liste[1] de l'équipage du vaisseau commandant, *le Lys*, figuraient six hautbois et violons, embarqués sans doute pour charmer les ennuis d'une longue traversée.

L'escadre sortit, comme nous l'avons vu, du Pertuis breton le 9 juin.

Le 21, elle arriva à la hauteur des côtes de Portugal ; elle y rencontra un bâtiment chargé de blé qui sortait de Lisbonne et que la frégate *l'Amazone* amarina. Cette prise suivit l'expédition jusqu'au Brésil et revint avec elle en France.

Le 2 juillet, l'escadre mouilla devant l'île de Saint-Vincent, l'une des îles du cap Vert, où M. de la Mar de Can, capitaine de *l'Aigle*, devait rallier son chef.

Duguay-Trouin, en attendant cette frégate, voulut faire de l'eau et se procurer des rafraîchissements, mais ces îles étaient mal fournies ; on n'y trouva que

1. Cette liste est imprimée à la suite des *Mémoires* de Duguay-Trouin, édition de 1740 : le total des équipages qu'elle donne est celui qui a été adopté par Ozanne.

peu de chose. Toutefois, Duguay-Trouin ne perdit pas son temps. Il fit débarquer et rembarquer ses troupes à plusieurs reprises, les exerçant à exécuter ces manœuvres importantes et d'autres avec ordre et sans précipitation et leur faisant, pour ainsi dire, faire la répétition générale du grand drame militaire qu'elles devaient jouer bientôt.

Le 6 juillet, *l'Aigle* étant arrivée, l'escadre quitta l'île Saint-Vincent et reprit sa route.

Jusque là, le temps avait favorisé nos hardis marins; mais, à partir des îles du cap Vert, les vents contraires les prirent et les secouèrent si violemment, pendant environ un mois, que presque tous les vaisseaux furent démâtés de leur mât de hune.

Le 11 août, l'escadre passa la ligne.

Le 19, elle eut connaissance de l'île de l'Ascension, et le 27, elle mouilla à la hauteur de la baie de Tous-les-Saints, située sur la côte septentrionale du Brésil, à trois cent douze lieues environ de Rio de Janeiro [1].

Duguay-Trouin eut un instant la pensée d'aller prendre ou brûler, en passant, tout ce qu'il trouverait de vaisseaux ennemis dans cette baie; mais, ayant constaté qu'il ne lui restait guère que ce qu'il lui fallait d'eau pour arriver jusqu'à Rio-de-Janeiro,

1. La *Baie de Tous-les-Saints* (ou de *Todos Santos*), au fond de laquelle se trouve *San-Salvador* (aujourd'hui *Bahia*), est située à 125 myriamètres de Rio-de-Janeiro.

il continua sa route et cingla directement sur cette ville.

Enfin, le 11 septembre, l'escadre trouva fond, sans avoir cependant connaissance des côtes.

Duguay-Trouin força de voiles, malgré la brume et le mauvais temps, en profitant d'un vent frais qui s'éleva à l'entrée de la nuit; il voulait arriver à la pointe du jour en vue de Rio-de-Janeiro et attaquer immédiatement la place sans lui donner le temps de se reconnaître.

Effectivement, le lendemain matin, 12 septembre, à la première pointe du jour, les vigies signalèrent la terre.

Il y avait trois mois et six jours que l'escadre avait quitté La Rochelle.

Duguay-Trouin ordonna immédiatement à son principal lieutenant, le chevalier de Courserac, capitaine du *Magnanime*, qui connaissait un peu le port de Rio-de-Janeiro, de prendre la tête de l'escadre et de gouverner droit sur l'entrée du port.

Le Brillant et *l'Achille* reçurent l'ordre de suivre *le Magnanime*.

Duguay-Trouin se plaça lui-même après *l'Achille* afin de se trouver en position de voir à la fois ce qui se passerait en tête et en queue de l'escadre et d'y donner ordre.

Derrière *le Lys*, s'avançaient *le Glorieux*, *le Fidèle* et *le Mars;* puis venaient les frégates.

Les deux traversiers à bombe et la prise anglaise de *l'Amazone* fermaient la marche.

La baie de Rio-de-Janeiro, l'une des plus belles du nonde, est d'une grande largeur et d'une profondeur plus grande encore. La ville est située presque à l'entrée de la baie, et à gauche, dans une plaine dominée par trois montagnes et découpée en forme de presqu'île par la mer.

L'entrée de la baie est fermée par un goulet d'un quart environ plus étroit que celui qui ferme l'entrée de la rade de Brest, c'est-à-dire qui mesure quatorze à quinze cents mètres de largeur; en outre, au milieu, se trouve un gros rocher de cent brasses de long qui met les vaisseaux dans la nécessité de passer à portée de fusil des forts qui défendent chacun des côtés du goulet.

Ces forts, très-bien établis et fort habilement commandés, étaient sur leurs gardes.

Il y avait d'abord, à droite, le fort de Sainte-Croix (ou de Santa-Crux), de quarante-huit canons, et le fort de la Prée-Fore, de huit.

Puis à gauche, faisant face au fort de Sainte-Croix, se trouvaient le fort de Saint-Jean et celui de Saint-Théodore, de quarante-huit canons; un peu en arrière se trouvait le fort de la Prée Vermeille (ou de la Praye Vermeille).

A une heure et demie, *le Magnanime* entrait dans le goulet et était accueilli par un feu épouvantable d'artillerie qui ne put cependant l'arrêter, pas plus qu'il n'arrêta les autres vaisseaux qui suivaient *le Magnanime*.

L'entrée de la baie forcée, *le Magnanime* eut à essuyer le feu de quatre vaisseaux de guerre de soixante-quatorze à cinquante-six canons et de trois frégates de guerre de trente-six à quarante canons : c'étaient les bâtiments envoyés naguère par le roi de Portugal pour mettre la place à l'abri d'un coup de main.

Puis *le Magnanime* passa sous le canon d'un fort muni de seize pièces et bâti sur une île située dans la baie, à droite : ce fort portait le nom de fort de *Notre-Dame-de-bon-Voyage*. Derrière l'île, sur la côte, un autre fort, moins considérable du reste, ouvrit également son feu.

Puis, à gauche, un fort de vingt canons, nommé le fort de *Villegagnon* et bâti sur une île portant le même nom, et deux autres forts bâtis sur la côte un peu en arrière et servant de défenses avancées à la ville, le fort *Saint-Alousi* et le fort *de la Miséricorde*, de dix-huit canons, firent pleuvoir un feu meurtrier sur nos hardis marins.

Enfin, en pénétrant plus avant dans la baie, *le Magnanime* essuya le feu d'un fort à quatre bastions garni de dix canons et situé sur une île dite *des Chèvres* (ou de *Cabras*), qui se trouve à une portée de fusil de la ville; au bas de cette île, sur un petit plateau, une autre batterie de quatre pièces se mit aussi de la partie.

Toute cette artillerie ne put empêcher l'escadre française de pénétrer de vive force dans la baie, et ne réussit même pas à mettre du désordre dans ses rangs : les dix-sept vaisseaux firent leur entrée, *le Magnanime* en tête, avec une fierté et une régularité merveilleuses : on eût dit qu'ils entraient dans un port ami, tant il surent garder un ordre majestueux et calme dans leur marche. Chaque vaisseau essuyait successivement, sans broncher, le feu de tous les forts, des batteries et des vaisseaux portugais et répondait, sans se presser, par ses bordées de bâbord et de tribord.

Les quatre vaisseaux de guerre portugais et les trois frégates, en voyant qu'ils ne pourraient arrêter l'escadre et qu'ils allaient bientôt eux-mêmes courir grand risque d'être abordés et enlevés, prirent le parti de couper leurs câbles et d'aller s'échouer sous les batteries de la ville.

A quatre heures et demie, l'escadre entière, après avoir passé sous le canon de tous les forts et laissé la ville sur sa gauche, jetait l'ancre au fond de la baie, hors de portée de canon.

L'action avait duré trois heures à peine et n'avait coûté que trois cents hommes environ à Duguay-Trouin.

Toutefois, la réception des Portugais avait été beaucoup plus énergique que notre héros ne l'avait pensé ; il comptait surprendre la ville et l'enlever par un coup de main : au lieu de cela il trouvait une défense organisée qui semblait indiquer que l'attaque était prévue et attendue.

Duguay-Trouin ne savait pas que la reine d'Angleterre, apprenant enfin le but de l'expédition quelques jours seulement après le départ de l'escadre, avait envoyé aussitôt un paquebot au roi de Portugal Jean V pour lui en donner avis. Le roi de Portugal, n'ayant pas d'autre bâtiment convenable à sa disposition pour le moment, avait expédié à Rio-de-Janeiro ce même paquebot anglais, lequel, par un hasard extraordinaire, arriva à sa destination quinze jours avant l'escadre, retardée en pleine mer par les mauvais temps. Le gouverneur de Rio-de-Janeiro, don Francisco de Castro Morais, avait donc eu le temps de mettre à profit cet avertissement et de faire tous ses préparatifs pour repousser l'attaque annoncée.

Il avait d'abord rassemblé dans un camp retranché, qui défendait la ville du côté de la plaine, le fort de ses troupes, environ douze à treize mille hommes qui composaient la garnison ordinaire de Rio-de-Janeiro, plus les cinq régiments de troupes réglées amenées d'Europe l'année précédente par don Gaspard d'Acosta. En outre, un nombre prodigieux de noirs disciplinés était convoqué de tous les points de la colonie et devait sous peu de jours se trouver rassemblé autour de la capitale menacée.

Tous les forts qui défendent l'entrée de la baie ou la ville elle-même furent restaurés à la hâte et rétablis : tous les points de la côte qui purent recevoir des batteries en reçurent.

Les trois montagnes qui commandent la ville furent particulièrement mises en état de présenter une formidable résistance à l'ennemi.

La première, celle située à gauche de la ville et occupée par les Jésuites, était couronnée par le fort Saint-Sébastien, garni de quatorze pièces de canon.

La seconde, celle occupée par les Bénédictins et située à droite et en avant de la ville, était non moins bien fortifiée : quatre batteries habilement disposées en faisaient un point difficile à emporter.

Enfin la troisième montagne, celle de la Conception, occupée par l'évêque et située de l'autre côté de la ville, était également couronnée de retranchements redoutables.

Avec de pareilles fortifications et ses bonnes troupes réglées, le gouverneur ne doutait pas qu'il lui fût facile de faire éprouver à Duguay-Trouin le sort du capitaine Duclerc ; il ne devait pas garder longtemps ses illusions.

Aussitôt que l'escadre fut à l'ancre au fond de la baie, Duguay-Trouin songea à modifier son plan d'attaque d'après les circonstances.

Il s'arrêta au dessein de s'emparer tout d'abord de quelques points importants, afin de pouvoir riposter au feu des forts et l'éteindre ; puis d'aller débarquer ses troupes à quelques lieues en arrière de la ville, afin de revenir en force et de l'enlever, sans cesser un instant de maintenir la communication avec l'escadre.

Dès que la nuit fut arrivée, il fit avancer la frégate *la Concorde* et les deux traversiers *la Fran-*

çoise et *la Patiente* en face du fort des Bénédictins, afin qu'elles fussent à portée de commencer le bombardement le lendemain matin à la première heure.

A la pointe du jour, il ordonna au chevalier de Goyon, capitaine du *Brillant*, de prendre cinq cents hommes d'élite et d'aller s'emparer de l'île des Chèvres, située, comme nous l'avons dit, à une portée de fusil de la ville et d'où il serait facile de foudroyer les forts et les batteries.

Le chevalier de Goyon débarqua bravement dans l'île, malgré un feu très-vif, et courant brusquement aux ennemis à la tête de ses hommes, il les délogea de leur position et les contraignit de se rembarquer en désordre pour gagner la terre ferme : leur déroute fut si précipitée que c'est à peine s'ils prirent le temps d'enclouer en fuyant quelques pièces de canon. Ils purent cependant en gagnant le fort *des Bénédictins*, couler à fond deux navires marchands qui se trouvaient à l'ancre entre l'île et le fort, et faire sauter deux vaisseaux de guerre qui s'étaient échoués sous les batteries du fort de *la Miséricorde*.

Il y avait un troisième vaisseau de guerre portugais qui s'était échoué sous la pointe de l'île des Chèvres : les ennemis, en se retirant, essayèrent de le faire sauter, mais le chevalier de Goyon se hâta d'envoyer M. de Vauréal, troisième lieutenant à bord du *Magnanime*, et M. de Saint-Osman[1] enseigne

1. Les *Mémoires* de Duguay-Trouin portent *de Saint-Osman;*

de vaisseau à bord du *Lys*, avec deux chaloupes, pour s'emparer de ce vaisseau.

Ces deux officiers, s'avançant hardiment sous le feu des batteries de la place et des forts, se rendirent maîtres du vaisseau portugais et y arborèrent le pavillon français; toutefois, ils ne réussirent pas à remettre à flot ce gros vaisseau, qui était entièrement avarié.

Aussitôt l'île des Chèvres réduite, Duguay-Trouin s'y rendit en personne pour juger de la position : il ordonna à M. de la Ruffiniere, commandant de l'artillerie, à M. de Kerguelin, capitaine de *la Bellone* et à un troisième officier d'artillerie, M. Élian[1], sous-lieutenant d'artillerie à bord du *Lys*, d'établir des batteries de canons et de mortiers pour canonner la place. Le marquis de Saint-Simon, du *Fidèle*, devait couvrir les travailleurs avec un corps de troupe et répondre au feu continuel que la ville et les forts commençaient à servir.

La nuit suivante, le chevalier de Beauve, capitaine de *l'Achille*, reçut l'ordre de faire embarquer la plus grande partie des troupes sur les frégates *l'Amazone*, *l'Aigle*, *l'Astrée* et *la Concorde*, de se diriger, à la faveur de l'obscurité, vers un point de la côte situé à une lieue environ de la ville, de s'emparer de quatre vaisseaux marchands qui s'y trouvaient à

mais la liste de l'équipage du *Lys*, publiée dans l'édition de 1740, porte *Saint-Dinant*.

1. Les *Mémoires* de Duguay-Trouin portent *Élian*, et la liste de l'équipage du *Lys* porte *Héliot*.

l'ancre et d'opérer le débarquement. Duguay-Trouin devait, pendant ce temps-là, détourner l'attention des ennemis en faisant de fausses attaques sur d'autres points.

Ces ordres furent exécutés à merveille : les vaisseaux marchands furent pris sans coup férir au milieu de l'obscurité, et le débarquement se fit le lendemain matin sans confusion et sans danger.

Le 14 septembre, à la première heure du jour, trois mille trois cents hommes, soldats, matelots, gardes de marine et volontaires, se trouvèrent rangés en bataille au bord de la mer.

Duguay-Trouin arriva bientôt lui-même. Il divisa ses troupes en trois brigades, de trois bataillons chacune : il donna le commandement de la première, celle de l'avant-garde, au chevalier de Goyon, le commandement de la seconde, celle de l'arrière-garde, au chevalier de Courserac, capitaine du *Magnanime*, et garda la troisième pour lui-même, le chevalier de Beauve, capitaine de *l'Achille*, commandant sous lui.

En outre, il tria parmi ses meilleurs soldats, une soixantaine de caporaux avec un certain nombre d'aides de camp, de gardes de marine ; il en fit une compagnie d'élite destinée expressément à le suivre dans l'action et à se porter avec lui sur tous les points où sa présence serait nécessaire.

Enfin, il fit débarquer quatre petits mortiers portatifs et vingt gros pierriers de fonte, afin d'en former une espèce d'artillerie de campagne.

Le chevalier de Beauve imagina des sortes de chandeliers de bois à six pattes ferrées, qui se fichaient en terre et sur lesquels les pierriers se fixaient assez solidement.

Duguay-Trouin plaça son artillerie au milieu du plus gros bataillon de la brigade du centre; par une manœuvre rapide ce bataillon devait s'ouvrir à un moment donné pour laisser passer la décharge, puis se reformer aussitôt.

Le débarquement des troupes, de l'artillerie et des munitions une fois achevé, les deux brigades de Goyon et de Courserac s'élancèrent au pas de course pour s'emparer des deux hauteurs voisines qui commandaient l'une la ville, et l'autre la compagne.

M. d'Auberville, enseigne à bord du *Brillant*, et capitaine des grenadiers de la brigade de Goyon, se mit à la tête de l'avant-garde, délogea quelques partis ennemis, qui s'étaient embusqués dans un petit bois, et occupa la hauteur qui regardait la ville.

La brigade de Courserac s'établit sans plus de peine sur l'autre hauteur.

Quant à Duguay-Trouin, il se plaça avec sa brigade entre les deux hauteurs.

Les trois brigades campèrent dans ces positions, à portée de se secourir réciproquement, en cas d'alerte, à portée aussi de recevoir par la mer les munitions et les vivres que l'intendant de l'escadre, M. de Ricouart, avait l'ordre de leur faire tenir régulièrement, ainsi que tous les matériaux nécessaires à l'établissement des batteries.

Le lendemain, 15 septembre, Duguay-Trouin fit prendre les armes à ses troupes et s'avança dans la plaine pour reconnaître le terrain et faire voir aux ennemis qu'il était maître de la campagne. Il détacha des partis qui s'avancèrent jusqu'à portée de fusil de la ville, tuèrent des bestiaux, pillèrent quelques maisons et narguèrent les assiégés.

Ceux-ci restèrent cois derrière leurs retranchements sans faire un mouvement. Duguay-Trouin comprit que leur dessein était de l'attirer dans ces retranchements où déjà Duclerc avait été défait; il ne donna pas dans le piége et se retira en bon ordre, après avoir reconnu que la ville était défendue par des marais impraticables.

Le 16, un parti envoyé en reconnaissance fut arrêté par l'explosion d'un fourneau, qui partit heureusement hors de propos et ne fit aucun mal.

Le même jour le chevalier de Beauve et M. de la Calandre de Blois, capitaine de vaisseau à bord du *Glorieux*, établirent, sur une presqu'île à droite de la ville, une batterie de dix canons qui prit à revers les retranchements et les batteries du fort des Bénédictins.

Le 18, les ennemis incendièrent quelques magasins remplis de caisses de sucre, d'agrès et de munitions, qui étaient construits au bord de la mer et couraient grand risque de tomber au pouvoir de Duguay-Trouin ; ils mirent également le feu aux deux frégates du roi de Portugal et au troisième vaisseau de guerre qui s'était échoué sous le fort des Bénédictins.

Le 18, les ennemis se décidèrent enfin à quitter leurs retranchements.

Voici à la suite de quelles circonstances et à l'aide de quel stratagème ils tentèrent cette sortie qui ne devait pas avoir grand succès.

L'officier portugais, chargé de défendre les retranchements des Bénédictins, était un ancien corsaire français, un normand nommé Dubocage, qui avait passé au service du roi de Portugal. Son expérience et son habileté l'avaient mis en réputation auprès du gouverneur qui lui avait confié, d'abord le commandement d'un des vaisseaux de guerre portugais, puis, quand ce vaisseau eut été brûlé, la défense des retranchements des Bénédictins. L'ancien corsaire s'acquitta si bien de sa mission qu'il incommoda fort gravement *la Françoise* et *le Patient* lorsque ces deux bâtiments s'avancèrent pour occuper l'île des Chèvres : il maltraita également si fortement quelques chaloupes, que l'une d'elles, chargée de quatre gros canons de fonte, aurait infailliblement coulé bas, si par bonheur Duguay-Trouin ne l'avait aperçue en revenant de l'île des Chèvres, et ne lui avait donné la remorque.

Ce Dubocage, ayant appris que trois sentinelles françaises avait été enlevées, ainsi que quelques maraudeurs, eut l'idée de se déguiser en matelot français avec un bonnet, un pourpoint et des culottes goudronnées, et, dans cet équipage, de

PLAN DE LA BAYE ET DE LA VILLE
DE RIO-JANEIRO,

Située par les 23. degrez de Latitude Sud, et 337. degrez 20. Minutes de Longitude: prise par l'Escadre commandée par M. Duguay Troüin, et armée par des particuliers de S.t-Malo, en 1711, le 21 Septembre.

A. La Ville.
B. Les Bénédictins ou il y a un fort de 4. bateries.
C. Fort S.t-Sebastien.
D. La vieille Paroisse.
E. Fort S.t-Jacques.
F. Fort S.t-Alonsy.
G. Fort de la Misericorde.
H. Les Jesuites.
I. L'Isle de Cabras ou des chevres ou nous établimes des bateries qui contenoient 18 Canons de 24. et de 18 et 5. Mortiers.
K. Baterie qui n'est pas finie.
L. Le Mars, qui canonoit les Bénédictins pour faciliter la descente.
M. Baterie de 10. Canons que M. de Beauve fit faire.
N. Trois Vaisseaux qui s'échouèrent et un autre sur la pointe des Bénédictins, et se brûlerent.
O. Magazin d'Agreils et de sucre qu'ils firent sauter.
P. Fortin ou il y a 2. Canons.
Q. Retranchemens autour de la Ville ou il y a 50. Canons.
R. Second débarquement po.r l'attaque générale.
S. Poste que nous occupions au premier campement.
T. Maison de l'Evêque ou M. Duguay prit son camp.
V. Endroit ou nous fîmes la descente Générale.
X. Aiguade qu'on appelle la Q.'arioque.
1. Premier camp des ennemis.
2. Plaine marecageuse où nous nous mimes en bataille et ou le Gouverneur capitula.
3. Batallions qui sortirent de la Ville pour aller aux ennemis.
4. Riviere ou les Vaisseaux de guerre font leur eau.
5. Isle et Fort de Villegagnon.

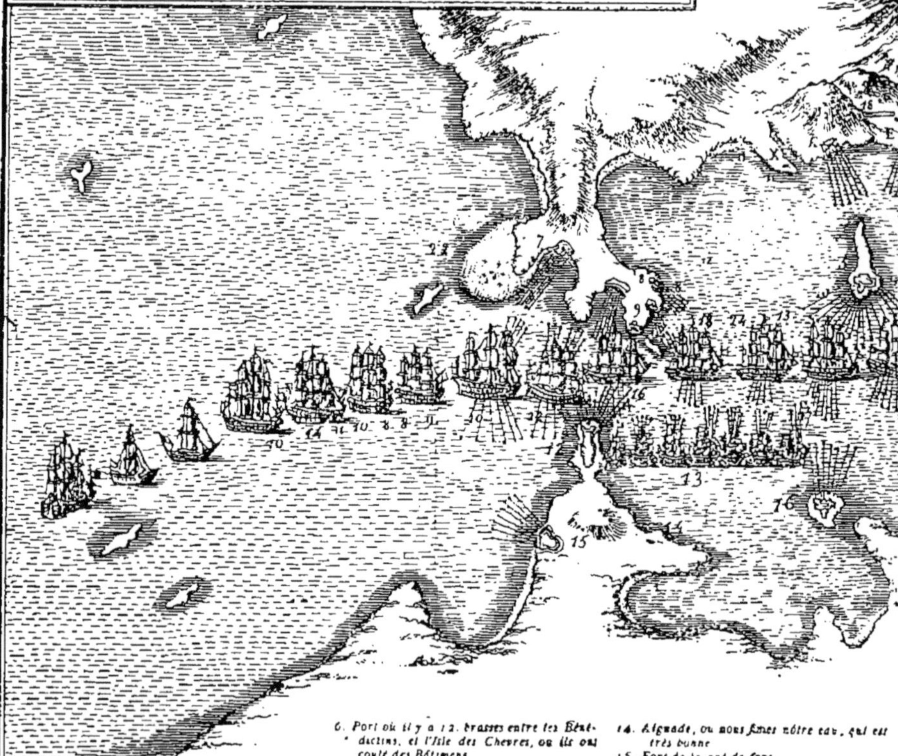

Il y avoit dans la Baye 35. gros Navires
marchands, qui ont tous été pris ou brûlez.
B A Y E
D E
IO J A N E I R O
Riviere de Janeiro
Echelle de deux lieues de France
1/4. 1/2. 3/4 1 2. L
Dessiné et gravé par A. Coquart

faire conduire par quatre soldats portugais à la prison où se trouvaient renfermés les prisonniers. On le mit aux fers avec eux et il n'eut pas de peine à se faire passer pour un matelot de l'équipage d'une des frégates de Saint-Malo, qui, s'étant écarté du camp, avait été enlevé par un parti portugais. Les prisonniers donnèrent en plein dans le piége et notre normand sut bientôt tout ce qu'il voulait savoir.

Forts de ces renseignements, les Portugais espérèrent surprendre le camp de Duguay-Trouin, et se décidèrent à quitter leurs retranchements.

Quinze cents hommes de troupes réglées sortirent de la ville avant que le jour parût, et s'avancèrent, sans être aperçus, jusqu'à la première hauteur, celle occupée par la brigade de Goyon.

Un corps de milice suivit les troupes réglées, pour soutenir la sortie, et alla prendre position dans un petit bois situé à mi-chemin du camp.

Arrivés au bas de la hauteur, les Portugais se glissèrent sans bruit à portée d'une maison crénelée, située sur une éminence à mi-côte et occupée par un poste de cinquante hommes sous les ordres d'un seul officier, M. de Liesta, enseigne à bord du *Brillant*.

Lorsque le jour commença à paraître, les Portugais firent passer quelques bestiaux devant une barrière qui formait une haie vive à quarante pas environ du poste avancé. Un sergent français et quatre soldats ouvrirent aussitôt la barrière, sans prévenir le commandant du poste, et s'emparèrent des bestiaux. Les Portu ais embusqués, s'avançant alors, font feu, tuent le sergent et deux soldats, s'élancent par la barrière ouverte, et courent sur le corps de garde pour l'enlever.

Heureusement M. de Liesta, malgré le petit nombre de ses soldats, tint ferme et donna le temps à M. le chevalier de Goyon de lui envoyer M. de Boutteville, aide-major, avec deux compagnies commandées par M. Droualin, deuxième enseigne à bord de *l'Argonaute*, et M. d'Auberville, enseigne à bord du *Brillant*. En même temps M. de Pontlo de Coëtlogon, second enseigne à bord du *Brillant* et aide de camp de M. de Goyon, courut avertir M. Duguay-Trouin du mouvement des ennemis.

Duguay-Trouin envoie aussitôt à M. de Goyon l'ordre de mettre toute sa brigade sous les armes et lance dans un chemin creux deux cents grenadiers choisis avec l'ordre de prendre l'ennemi en flanc; puis il met toutes ses troupes en mouvement et court lui-même sur le lieu du combat, à la tête de sa compagnie de caporaux.

Quand Duguay-Trouin arriva, les Portugais, déjà fortement ébranlés par la belle résistance de M. de Liesta, renforcé par la compagnie Droualin et d'Auberville, se retirèrent précipitamment, abandonnant sur le champ de bataille plusieurs morts et un grand nombre de blessés.

Duguay-Trouin eut la bonne inspiration de ne pas les poursuivre : il évita ainsi de tomber dans le corps de milice qui se tenait en embuscade derrière le petit bois.

L'aide de camp de M. de Goyon, M. de Pontlo de Coëtlogon, avait reçu une blessure assez grave, et trente hommes environ avaient été mis hors de combat.

Tels furent les minces résultats de cette sortie sur laquelle les assiégés avaient fondé de si grandes espérances.

Le lendemain de cette sortie, M. de la Ruffinière, commandant de l'artillerie, fit savoir à Duguay-Trouin que la batterie de l'île des Chèvres, forte de dix-huit canons et de seize mortiers, était en état d'ouvrir le feu et qu'il attendait ses ordres.

Déjà, de leur côté, MM. de Beauve et la Calandre de Blois avaient commencé à tirer sur les revers des retranchements des Bénédictins.

Duguay-Trouin fixa au lendemain, 20 septembre, l'attaque définitive de la place. Toutefois, il crut devoir auparavant sommer le gouverneur de se rendre et lui envoya, dans une pirogue portant pavillon parlementaire, un tambour[1] avec cette lettre :

« Le roi mon maître, voulant, monsieur, tirer raison de la cruauté exercée envers les officiers et

1. Ce tambour appartenait à l'équipage de *l'Achille*, ainsi qu'en fait foi la chanson malouine populaire, contemporaine de celle de Marlborough, dont voici deux couplets :

Duguay z'a envoyé
Un tambour de l'Achille (*bis*),
Pour demander à ces braves guerriers
S'ils voulaient capituler.

Les dames du château
Se mirent à la fenêtre (*bis*).
Monsieur Duguay, apaisez vos canons,
Avec vous j'composerons.

les troupes que vous fîtes prisonniers l'année dernière, et Sa Majesté étant bien informée qu'après avoir fait massacrer les chirurgiens, à qui vous aviez permis de descendre de ses vaisseaux pour panser les blessés, vous avez encore laissé périr de faim et de misère une partie de ce qui restait de ces troupes, les retenant toutes en captivité contre la teneur du cartel d'échange arrêté entre les couronnes de France et de Portugal; elle m'a ordonné d'employer ses vaisseaux et ses troupes à vous forcer de vous mettre à sa discrétion, et de me rendre tous les prisonniers français; comme aussi de faire payer aux habitants de cette colonie des contributions suffisantes pour les punir de leurs cruautés, et qui puissent dédommager amplement Sa Majesté de la dépense qu'elle a faite pour un armement aussi considérable. Je n'ai point voulu vous sommer de vous rendre, que je ne me sois vu en état de vous y contraindre, et de réduire votre pays et votre ville en cendres, si vous ne vous rendez à la discrétion du roi mon maître, qui m'a commandé de ne point détruire ceux qui se soumettront de bonne grâce, et qui se repentiront de l'avoir offensé dans la personne de ses officiers et de ses troupes. J'apprends aussi, monsieur, que l'on a fait assassiner M. Duclerc qui les commandait; je n'ai point voulu user de représailles sur les Portugais qui sont tombés en mon pouvoir : l'intention de Sa Majesté n'étant point de faire la guerre d'une façon indigne d'un roi très-chrétien ; et je veux croire que vous avez trop d'honneur pour avoir eu part à ce honteux massacre. Mais ce n'est pas assez; sa Majesté veut que vous m'en nommiez les auteurs, pour en faire une justice exemplaire. Si vous différez d'obéir à sa volonté, tous vos canons, toutes vos barricades, ni toutes vos troupes ne m'empêcheront pas d'exécuter ses ordres, et de porter le fer et le feu dans toute l'étendue de ce pays. J'attends, monsieur, votre réponse : faites-la promptement et décisive; autrement vous connaîtrez que si jusqu'à présent je vous ai épargné ce n'a été que pour m'épargner à moi-même l'horreur d'envelopper les innocents avec les coupables.

« Je suis, monsieur, très-parfaitement, etc. »

Don Francisco de Castro-Morais renvoya à Duguay-Trouin son tambour avec cette réponse :

« J'ai vu, monsieur, les motifs qui vous ont engagé à venir de France en ce pays. Quant au traitement des prisonniers français, il a été suivant l'usage de la guerre : il ne leur a manqué ni pain ni munition, ni aucun des autres secours, quoiqu'ils ne le méritassent pas, par la manière dont ils ont attaqué ce pays du roi mon maître, sans en avoir commission du roi très-chrétien, mais faisant seulement la course. Cependant je leur ai accordé la vie au nombre de six cents hommes, comme ces mêmes prisonniers le pourront certifier. Je les ai garantis de la fureur des noirs, qui les voulaient tous passer au fil de l'épée : enfin, je n'ai manqué en rien de tout ce qui les regarde, les ayant traités suivant les intentions du roi mon maître. A l'égard de la mort de M. Duclerc, je l'ai mis, à sa sollicitation, dans la meilleure maison de ce pays, où il a été tué. Qui l'a tué ? C'est ce que l'on n'a pu vérifier, quelques diligences que l'on ait faites, tant de mon côté que de celui de la justice. Je vous assure que si l'assassin se trouve, il sera châtié comme il le mérite. En tout ceci il ne s'est rien passé qui ne soit la pure vérité, telle que je vous l'expose. Pour ce qui est de vous remettre ma place, quelques menaces que vous me fassiez, le roi mon maître me l'ayant confiée, je n'ai point d'autre réponse à vous faire, sinon, que je suis prêt à la défendre jusqu'à la dernière goutte de mon sang. J'espère que le Dieu des armées ne m'abandonnera pas dans une cause aussi juste que celle de la défense de cette place, dont vous voulez vous emparer sur des prétextes frivoles et hors de saison. Dieu conserve Votre Seigneurie.

« Je suis, monsieur, etc.

« *Signé :* D. FRANCISCO DE CASTRO-MORAIS. »

Sur cette réponse, Duguay-Trouin prit ses dernières dispositions pour donner l'assaut à la place.

Ayant remarqué, dans une reconnaissance qu'il fit avec le chevalier de Beauve le long de la côte, cinq vaisseaux portugais mouillés sous le fort de

Bénédictins, il résolut d'y loger un parti de troupes qui de là pourrait parfaitement assaillir les retranchements.

Pour appuyer ces troupes, *le Mars* reçut l'ordre de s'avancer entre ces vaisseaux et les deux batteries établies par M. de Beauve.

Le jour suivant, *le Brillant* vint mouiller auprès du *Mars* et les deux vaisseaux ouvrirent, en même temps que les batteries de M. de Beauve, un feu si terrible que les retranchements se trouvèrent bientôt tout démantelés et à demi rasés.

Enfin, l'assaut général fut résolu pour le lendemain 21 septembre, à la pointe du jour.

Dans la nuit, les troupes destinées à s'aller loger dans les cinq vaisseaux portugais s'embarquèrent sur des chaloupes, et s'efforcèrent de gagner leur poste sans attirer l'attention des Portugais.

Mais à ce moment un orage terrible vint éclater et la lueur des éclairs trahit les chaloupes sur lesquelles les assiégés firent aussitôt pleuvoir un épouvantable feu de mousqueterie.

Le Mars et *le Brillant* répondirent de leur côté par un feu non moins vif, ainsi que les batteries de M. de Beauve, de sorte que toute la nuit le bruit du canon se mêla au bruit du tonnerre : les éclairs, qui se succédaient sans laisser presque aucun intervalle, éclairaient ce spectale terrifiant et l'agitation de la mer en furie ajoutait encore son fracas aux bruits de la mitraille et de la tempête.

Enfin le temps se calma vers la fin de la nuit et

le jour, en se levant, laissa voir les retranchements des Bénédictins complétement rasés et les troupes françaises rangées en bon ordre sur le pont des cinq vaisseaux portugais.

Duguay-Trouin, plein de confiance dans ses troupes et sûr désormais de la victoire, se mit à la tête de sa brigade et de celle de M. de Courserac, et s'avança au pas de course pour enlever les retranchements de la Conception, pendant que de son côté la brigade de Goyon filait le long de la côte pour prendre en flanc ces mêmes retranchements.

En même temps, Duguay-Trouin envoyait l'ordre aux troupes logées dans les vaisseaux portugais de donner l'assaut aux retranchements des Bénédictins.

Tout s'ébranla donc à la fois et les soldats s'élancèrent aux cris de : Vive le roi !

Mais au moment où Duguay-Trouin n'était plus qu'à quelques cents pas des retranchements de la Conception, il vit courir à sa rencontre, venant de la ville, un homme qui voulait lui parler.

C'était un Français, un ancien aide de camp de Duclerc, nommé de la Salle, qui depuis la mort de son capitaine, était demeuré prisonnier à Rio-de-Janeiro Il apprit à Duguay-Trouin que les habitants, épouvantés par l'horrible canonnade de la nuit, et croyant qu'on allait donner l'assaut au milieu des ténèbres, avaient abandonné précipitamment la ville, entraînant dans leur fuite les miliciens et les troupes réglées elles-mêmes; celles-ci, toutefois avaient mis le feu, en se retirant, aux magasins les plus riches et laissé derrière elles les forts des Bénédictins et des Jésuites minés: c'est pour mettre Duguay-Trouin sur ses gardes que lui, M. de la Salle, avait profité du désordre pour s'échapper.

A ces nouvelles, Duguay-Trouin presse sa marche, il arrive aux retranchements de la Conception, à ceux des Bénédictins, puis à ceux des Jésuites ; partout il entre sans résistance et sans tirer un coup de fusil.

Avant cependant de faire occuper ces points importants, il donne l'ordre d'éventer les mines, puis il établit la brigade de Courserac dans les retranchements des Jésuites et une partie de sa propre brigade dans les autres.

Ces précautions prises, Duguay-Trouin reprend sa marche et arrive à la ville, où il fait son entrée, à la tête de ses grenadiers.

Il la trouve complétement abandonnée; pas un habitant n'est resté. Dans les rues, des hommes de mauvaise mine courent de maison en maison, brisant les portes et fouillant avidement partout. C'étaient les anciens soldats du capitaine Du clerc qui avaient, au milieu du désordre général, forcé les portes de leur prison, et s'étaient répandus dans la ville pour piller.

Duguay-Trouin les fit arrêter immédiatement et conduire sous bonne escorte aux forts des Bénédictins, pour y être consignés. Cette mesure sévère arrêta tout d'abord les soldats de l'expédition qui, gagnés par l'exemple, commençaient à se débander.

Duguay-Trouin plaça des postes nombreux aux points principaux de la ville, puis il alla rejoindre les chevaliers de Beauve et de Goyon, afin de se concerter avec eux sur les mesures à prendre pour empêcher le pillage.

Il fut arrêté qu'on poserait des sentinelles à la porte des principaux établissements, qu'on échelonnerait de distance en distance des corps de garde, et que de nombreuses patrouilles parcourraient, jour et nuit, tous les quartiers de la ville: enfin, défense fut faite, sous peine de la vie, aux soldats et aux matelots, campés dans les retranchements, de quitter leur poste et d'entrer dans la ville.

Ces mesures étaient pleines de sagesse et de prudence. Mais le moyen d'empêcher des soldats, surexcités par la vue de tant de richesses abandonnées sans défense, de se jeter dans une ville ouverte de toutes parts !

Dès que la nuit fut venue, le pillage devint effréné. Les patrouilles elles-mêmes furent les premières, ainsi que les corps de garde, à donner l'exemple.

Le lendemain matin les trois quarts des maisons et des magasins étaient enfoncés; les meubles, les marchandises, les vivres étaient épars au milieu des rues; les vins coulaient dans les ruisseaux: enfin, c'était la confusion d'une ville à sac.

En vain Duguay-Trouin fit-il casser la tête à quelques soldats pris en flagrant délit: l'élan était donné, et il n'y avait pas de châtiment qui pût arrêter cette fureur de pillage.

Duguay-Trouin prit le seul parti qui lui restait à prendre pour sauver le plus possible de ces richesses: il se hâta d'occuper ses troupes du matin au soir à porter dans des magasins improvisés tout ce que l'on put ramasser d'effets et de marchandises. L'intendant de l'escadre, M. de Ricouart, y plaça des gens de confiance qu'il chargea de prendre note de tout ce qu'on apporterait.

Tous les vases sacrés, les ornements sacerdotaux et l'argenterie des églises furent soigneusement mis de côté et placés sous la garde des aumôniers de l'expédition: quelques soldats sacriléges n'ayant pas craint de s'approprier quelques-uns de ces objets, Duguay-Trouin les fit impitoyablement fusiller.

Le 23, le fort de Sainte-Croix se rendit, sur la première sommation qui lui fut faite: M. de Beauville, aide-major général, en prit possession, et se hâta d'enclouer les canons des batteries.

Les forts de Saint-Jean et de Villegagnon, et les autres forts qui commandaient l'entrée de la baie, furent également occupés.

Le 24, on découvrit dans une crique écartée un vaisseau anglais auquel on permit de se racheter pour une somme de 200 000 écus.

Toutes les positions fortifiées étant occupées, il restait maintenant à Duguay-Trouin à se mettre en garde contre un retour offensif des Portugais, qui s'étaient ralliés dans la plaine et s'étaient retranchés à une lieue de la ville environ.

Le gouverneur et don Gaspard d'Acosta, commandant de la flotte, n'attendaient en effet, pour tenter quelque chose, que l'arrivée d'un puissant secours, que devait lui amener un général de grand renom au Brésil, don Antoine d'Albuquerque.

Prévenu par quelques transfuges, Duguay-Trouin prit ses dispositions en conséquence.

Déjà la brigade de Courserac occupait la montagne des Jésuites; la brigade de Goyon s'établit sur les retranchements qui faisaient face à la plaine. Duguay-Trouin se porta lui-même avec la troisième brigade au centre, sur les hauteurs de la Conception et des Bénédictins : de là, il donnait la main à ses deux lieutenants et pouvait se porter rapidement au secours de celui qui serait attaqué.

Tranquille de ce côté, Duguay-Trouin ne songea plus qu'à tirer le plus grand parti possible de sa victoire.

Tout ce qui avait échappé à l'avidité des soldats était peu de chose; en effet, les habitants avaient emporté leur or et leur argent au fond des bois qui se trouvent à gauche de la ville, et mis le feu à leurs plus riches magasins et à leurs meilleurs vaisseaux.

Le seul parti à prendre était donc d'essayer de tirer de la place une forte contribution, en proposant aux habitants de racheter leur ville : d'autant plus que Rio-de-Janeiro étant complétement dépourvue de vivres, il était impossible de songer à y demeurer longtemps.

Duguay-Trouin fit donc savoir au gouverneur qu'il allait mettre la ville en cendres et la saper jusque dans ses fondations, si l'on ne se décidait promptement à la racheter par une contribution.

En même temps, pour bien faire sentir à don Francisco de Castro-Morais qu'il était résolu à mettre ses menaces à exécution en cas de refus, il donna l'ordre à deux compagnies de grenadiers d'aller brûler toutes les maisons qui se trouvaient dans la campagne à une demi-lieue à la ronde.

Ces deux compagnies, étant tombées dans un parti portugais assez nombreux, allaient être taillées en pièce lorsque M. de Brugnon, enseigne de vaisseau à bord du *Lis*, et M. Shéridan, septième enseigne à bord du *Glorieux*, s'avancèrent à la tête de deux autres compagnies et des quarante caporaux de Duguay-Trouin.

En moins de rien, les Portugais furent enfoncés et mis en fuite : leur commandant, nommé Amara, fut tué. On amena le magnifique cheval de cet officier et ses armes à Duguay-Trouin, au moment où celui-ci, croyant à une affaire générale, lançait le chevalier de Beauve sur le flanc de l'ennemi avec deux bataillons.

Le Chevalier de Beauve n'arriva sur le champ de bataille que pour voir les Portugais se retirer précipitamment, et revint au camp, après avoir toutefois mis le feu à la maison qui avait servi de demeure au commandant Amara.

Quelques jours après cette légère escarmouche, qui acheva, paraît-il, d'enlever au gouverneur l'espoir de résister plus longtemps à son redouble ennemi, le président de la chambre de justice de Rio-de-Janeiro arriva au camp français, assisté d'un de ses maîtres de camp, pour traiter, au nom du gouverneur, du rachat de la ville.

Don Francisco de Castro-Morais offrait six cent mille crusades [1]; c'était, disait-il, tout ce que l'on pouvait se procurer, les habitants s'étant enfuis dans la montagne et dans les bois avec leurs richesses. encore faudrait-il un délai assez long pour rassembler ces six cent mille cruzades, l'or du roi de Portugal ayant été emporté très-loin dans les terres.

Duguay-Trouin voulait mieux que cela; il congédia les envoyés du gouverneur, après leur avoir fait voir qu'il ruinait tous les lieux qu'il ne pouvait détruire par le feu.

Dès le lendemain, notre capitaine songea à frapper un coup décisif et à briser toute résistance, avant que l'armée portugaise eût été rejointe par don Antoine d'Albuquerque, qui s'avançait à marches forcées.

1. La *cruzade* (ou *croizade*), monnaie d'argent du Portugal valait 2 livres, 16 sous, 3 deniers tournois : il y avait aussi une autre cruzade (la neuve) qui valait de 2 livres, 4 sous à 2 livres, 9 sous.

Dans la nuit du 9 octobre, toutes les troupes de l'expédition, recrutées des cinq cents soldats de Du clerc, prirent les armes et se mirent en marche sans tambour ni trompette.

A la pointe du jour, les Portugais ne furent pas médiocrement surpris en apercevant les troupes françaises rangées en bataille à une demi-portée de fusil, et toutes les hauteurs et les défilés occupés par des détachements.

Duguay-Trouin, qui n'oubliait jamais aucune précaution, avait en outre lancé sur la droite et sur la gauche du camp portugais des petits corps bien commandés, qui devaient prendre l'ennemi en flanc, dès que l'action serait engagée.

Don Francisco de Castro-Morais, effrayé, se hâta d'envoyer à Duguay-Trouin deux de ses principaux officiers et un jésuite fort habile et fort adroit. Il offrait de nouveau six cent mille cruzades, en protestant que c'était bien réellement tout ce qu'il pouvait se procurer : il offrait en outre dix mille cruzades de sa propre bourse, puis cinq mille caisses de sucre et tous les bestiaux dont Duguay-Trouin aurait besoin : si ces conditions lui paraissaient insuffisantes, Duguay-Trouin était le maître de détruire la ville et tout le pays, mais il ne pourrait rien obtenir de plus que ce qu'on lui offrait.

Duguay-Trouin assembla ses principaux officiers en conseil : après une courte délibération, le conseil fut d'avis qu'il ne serait pas prudent de pousser les Portugais au désespoir, que l'on courrait ainsi le risque de ne pas en tirer la moindre contribution, et que d'ailleurs la destruction de la ville et la dévastation du pays ne seraient d'aucun profit pour les intérêts du roi et des armateurs ; il fut donc décidé, à l'unanimité, qu'on accepterait les propositions du gouverneur, telles quelles.

Duguay-Trouin fit savoir à don Francisco de Castro-Morais qu'il accordait quinze jours pour le payement de la contribution : douze des principaux officiers portugais lui seraient livrés en otage; en outre, tous les bestiaux dont l'armée d'expédition aurait besoin, seraient amenés au camp et les marchands portugais pourraient venir à bord des vaisseaux français ou même dans la ville pour y racheter, en payant comptant, leurs marchandises et leurs effets.

Le traité fut signé le 10 octobre.

Le lendemain, don Antoine d'Albuquerque arrivait au camp portugais avec trois mille hommes de troupes réglées, infanterie et cavalerie. Pour gagner du temps, il avait fait monter l'infanterie en croupe de la cavalerie et avait laissé en arrière six mille noirs bien armés, qui n'arrivèrent que le jour suivant.

Vingt-quatre heures plus tôt, ce puissant secours eût pu changer la face des choses. Toutefois, il était trop important pour qu'on n'eût pas lieu de craindre que les Portugais ne tentassent quelque mouvement, en dépit du traité conclu et des otages livrés.

Duguay-Trouin se tint donc sur ses gardes et prit

toutes les mesures pour prévenir ou pour recevoir vigoureusement tout retour offensif de l'ennemi.

Puis, il se hâta de faire embarquer sur les vaisseaux de son escadre les caisses de sucre et toutes les autres marchandises qu'il voulait emporter en France. Quant aux marchandises qui ne pouvaient supporter une aussi longue traversée, il les fit charger à bord de la frégate *la Concorde* et d'un bâtiment portugais de six cents tonneaux, nommé *la Notre-Dame de l'Incarnation*, pour les expédier dans la mer du Sud, où leur débit était assuré.

Il restait cinq cents caisses de sucre qui ne purent trouver de place sur les vaisseaux de l'escadre; elles furent embarquées sur un autre bâtiment portugais, appelé *la Reine des Anges* et assez bon marcheur. Duguay-Trouin lui composa un équipage avec ceux de ses vaisseaux et lui donna pour capitaine M. de la Ruffinière, commandant de l'artillerie.

Tout le reste du butin, y compris les vaisseaux portugais tombés au pouvoir des vainqueurs (*la Notre-Dame de l'Incarnation* et *la Reine des Anges* exceptés) fut revendu aux Portugais, sous le contrôle de M. de Ricouard, intendant de l'escadre.

Enfin, le 4 novembre, le gouverneur ayant fait son dernier payement, Duguay-Trouin lui remit la ville et se rembarqua sur l'escadre avec toutes ses troupes, sauf toutefois celles qu'il laissa dans les forts de l'île des Chèvres et de Villegagnon et dans ceux de l'entrée de la baie, afin d'assurer son départ.

Le 11, il mit le feu au vaisseau de guerre portugais qui était resté échoué sous l'île des Chèvres, et à un vaisseau marchand que l'on n'avait pas trouvé à vendre.

Le 12, il renvoya aux jésuites les vases sacrés et les ornements sacerdotaux qu'il avait sauvés du pillage, afin qu'ils les remissent à l'évêque.

Le 13, Duguay-Trouin retira les troupes qui occupaient les forts et l'escadre, sortit de la baie et mit à la voile.

La Concorde et *la Notre-Dame de l'Incarnation* se séparèrent de l'escadre et tirèrent de leur côté vers la mer du Sud.

Duguay-Drouin aurait vivement désiré, en quittant Rio-de-Janeiro, aller à la Baie de tous les Saints tirer une autre contribution de cette riche colonie et, en même temps, délivrer quelques officiers de Du clerc qui y avaient été envoyés l'année précédente; mais il fut assailli par des vents contraires qui ne le quittèrent qu'au bout de quarante jours, ce qui retarda singulièrement la marche de l'escadre. Aussi ne lui resta-t-il bientôt que juste ce qu'il lui fallait de vivres et d'eau pour arriver jusqu'en France. Il dut donc, à son grand regret, renoncer à l'espoir d'aller délivrer ces infortunés officiers, sous peine de risquer le salut de l'escadre entière. Il emmenait seulement à bord de ses vaisseaux un officier, M. de la Salle, quatre gardes de la marine, et près de cinq cents soldats restés de cette malheureuse expédition.

Il arriva même un moment où le manque de vivres devint si pressant que Duguay-Trouin dut penser à aller relâcher aux îles de l'Amérique, dans le golfe du Mexique, mais il craignit de n'y pas trouver assez de vivres pour sa nombreuse escadre et continua sa route aussi rapidement que les vents contraires le lui permirent.

Le 3 décembre, *la Reine des Anges*, ce bâtiment portugais chargé de sucre, dont Duguay-Trouin avait donné le commandement à M. de la Ruffinière, resta en arrière. Pour ne pas retarder la marche de l'escadre, Duguay-Trouin chargea la frégate de *l'Aigle* du soin de convoyer *la Reine-des-Anges* et de l'escorter jusqu'au port de France le plus proche.

Le 20[1], l'escadre passa sous l'équateur, sans cesser d'être battue par les vents contraires.

Le 13 janvier, les vigies signalèrent les îles Açores. A ce moment, le mauvais temps, qui poursuivait Duguay-Trouin, se changea en une véritable tempête.

Le 19, à la hauteur des Açores, la tempête devint si effroyable que l'escadre tout entière se vit sur le point de périr.

Jusque-là, malgré l'agitation croissante de la mer, l'escadre avait réussi à marcher de conserve; mais, sur ces parages, elle fut assaillie de trois coups de vent consécutifs si violents que tous les vaisseaux

1. Ch. Cunat, dans son *Histoire des Malouins célèbres*, écrit le 26 et non le 20.

furent dispersés et durent prendre le parti de chercher à gagner leur destination chacun de leur côté.

Les plus gros vaisseaux furent ceux qui coururent les plus grands dangers.

Le Lis, bien qu'il fût l'un des meilleurs de l'escadre, souffrit tellement que bientôt il ne gouverna plus. Duguay-Trouin se tint en personne au gouvernail, six heures durant, convaincu qu'un moment de négligence amènerait infailliblement la perte de son vaisseau. Malgré son énergie, toutes les voiles du *Lis* furent emportées, toutes les chaînes de ses haubans se rompirent les unes après les autres, son grand mât tomba sur le pont; enfin, il allait couler bas au milieu de l'obscurité de la nuit, lorsque M. du Bois de la Motte, capitaine de *l'Argonaute*, averti par le canon de détresse que Duguay-Trouin faisait tirer à tout hasard, réussit à joindre le vaisseau commandant et à le secourir.

Cette effroyable tempête dura deux jours et deux nuits avec la même violence, et ce fut par miracle que *le Lis* échappa aux énormes vagues qui, par moments, engloutissaient tout son avant jusqu'au grand mât.

Enfin, quand le vent fut tombé, *le Lis* put rejoindre *le Brillant*, *l'Argonaute*, *le Bellone*, *l'Amazone* et *l'Astrée*, qui tous avaient été également fort maltraités.

A plusieurs reprises, Duguay-Trouin mit en panne pour attendre le reste de son escadre; il n'en eut aucune nouvelle et dut se décider à gagner les côtes de France, assez inquiet sur le sort de ses camarades.

Le 6 février, *le Lis* faisait son entrée dans la rade de Brest, suivi du *Brillant*, de *l'Argonaute*, de *la Bellone*, de *l'Amazone* et de *l'Astrée.*

Le 8, *l'Achille* et *le Glorieux* arrivèrent à leur tour.

Quelques jours après, *le Mars*, complétement démâté et ras comme un ponton, gagnait le Port-Louis, non sans peine, et les deux frégates *le Chancelier* et *la Glorieuse*, arrivaient à Saint-Malo.

Les deux traversiers, *le François* et *le Patient*, réussirent aussi à gagner Saint-Malo.

Puis, ce fut *la Reine des Anges* qu'on vit arriver, ayant à bord l'équipage de *l'Aigle*, cette frégate ayant péri à l'ancre sur les côtes de l'île de Cayenne.

Malheureusement, *l'Aigle* n'était pas le seul vaisseau ni le plus important que l'on eût à regretter.

Deux des principaux vaisseaux de l'escadre, *le Magnanime* et *le Fidèle*, ne devaient plus reparaître.

Le Magnanime, magnifique vaisseau de soixante-quatorze canons, le plus grand, le plus fort de l'escadre, et celui qu'on aurait cru le plus capable de résister à la tempête, avait sombré avec ses six cent cinquante-huit hommes d'équipage et son capitaine, le chevalier de Courserac, officier du plus grand mérite, fidèle compagnon et ami particulier de Duguay-Trouin; c'était lui qui avait eu la gloire de frayer à l'escadre l'entrée du port de Rio-de-Janeiro.

Le Magnanime avait en outre à bord bon nombre d'officiers qui s'étaient distingués dans l'expédition, entre autres M. de Vauréal, troisième lieutenant.

Enfin, la grande quantité de marchandises et d'argent, embarquée sur ce vaisseau et perdue avec lui, devait réduire d'une façon très-sensible les bénéfices des armateurs. Duguay-Trouin avait une si grande confiance dans le chevalier de Courserac, qu'il avait chargé plus de six cent mille livres en or et en argent sur *le Magnanime;* ce vaisseau était donc, avec *le Lis*, celui qui portait la plus grosse part des dépouilles des vaincus.

Quant au *Fidèle*, c'était un beau vaisseau de soixante-six canons, commandé par M. de la Moinerie-Miniac de Saint-Malo; il avait à bord quatre cent quatre-vingt-huit hommes d'équipage. Le marquis de Saint-Simon, qui avait fait preuve d'une grande valeur dans le cours de l'expédition, était deuxième lieutenant sur *le Fidèle*.

La perte de ces deux vaisseaux et l'incertitude où l'on était encore sur le retour de *la Concorde* et de *la Notre-Dame de l'Incarnation*, les deux bâtiments envoyés dans les mers du sud, refroidirent quelque peu l'accueil enthousiaste que Duguay-Trouin avait reçu tout d'abord de ses armateurs. Ses ennemis et ses envieux, irrités par le succès de cette lointaine et hardie campagne, accueillirent avec empressement et mirent en circulation d'absurdes calomnies sur le pillage que notre héros n'avait pu empêcher après la prise de Rio-de-Janeiro.

D'autre part, le retentissement de cette glorieuse expédition fut arrêté à la cour et dans la France entière par un concours de circonstances fâcheuses.

Six jours après l'arrivée de Duguay-Trouin à Brest, le 12 février, le Grand Dauphin, fils unique du roi, mourut subitement; puis on vit mourir coup sur coup, à six jours de distance, la princesse Adélaïde, et son époux, le duc de Bourgogne, petit-fils du roi et héritier présomptif de la couronne; enfin, dans la même semaine, le fils de ce prince, le duc de Bretagne, âgé de cinq ans, mourait en quelques heures.

Ces morts successives, arrivées coup sur coup, consternèrent la cour et la France entière, et des bruits sinistres coururent sur les causes peu naturelles de ces mystérieuses catastrophes; ces préoccupations furent cause que le retour triomphant de Duguay-Trouin passa à peu près inaperçu au milieu du deuil général.

Ainsi, au lieu de l'admiration légitime à laquelle notre héros avait le droit de s'attendre après son héroïque campagne, il ne rencontra que de la malveillance à Brest, chez ses armateurs, et que de l'indifférence à la cour et dans le reste de la France.

Cependant, le comte de Toulouse lui écrivit pour le féliciter de son heureux retour et l'assurer de sa haute estime; le maréchal de Châteaurenault, gouverneur de Bretagne, M. de Coëtlogon, lieutenant général des armées navales, M. de Sorel, inspecteur des troupes de la marine, et M. de Beauharnais, ancien compagnon d'armes de Duguay-Trouin, lui envoyèrent également des marques de leur estime et de leur amitié [1].

Quelque temps après, on apprit que le dommage éprouvé par les Portugais, en comptant la contribution qu'ils avaient payée, les quatre vaisseaux de guerre, les deux frégates et les soixante et quelques vaisseaux marchands qu'ils avaient perdus et toutes les marchandises enlevées ou brûlées, s'élevait à un chiffre de vingt-sept ou trente millions. Alors, on commença à rendre davantage justice à l'intrépide vainqueur de Rio-de-Janeiro.

Dans le courant du mois d'avril, Duguay-Trouin se rendit à Versailles; il reçut de Pontchartrain un accueil des plus bienveillants et fut présenté par ce ministre au roi, qui lui témoigna de vive voix la satisfaction qu'il avait de ses services, et lui promit qu'il saurait l'en récompenser.

Mais Duguay-Trouin, qui n'était guère courtisan, avait des ennemis à la cour; bien des marins d'antichambre ou de salon lui enviaient ses glorieux états de services. On circonvint le ministre, on lui représenta qu'il y avait nombre d'anciens capitaines de vaisseau plus distingués par leur naissance que Duguay-Trouin, et dont les services égalaient les

1. Toutes ces lettres ont été publiées dans la plupart des éditions des *Mémoires de Duguay-Trouin.*

siens ; bref, on intrigua si bien que le roi, qui voulait nommer Duguay-Trouin chef d'escadre, différa cette nomination jusqu'à une promotion générale qui devait être faite un peu plus tard.

Toutefois, notre héros reçut le brevet d'une pension de deux mille livres sur l'ordre de Saint-Louis, et le titre de commandant de la marine à Saint-Malo.

Duguay-Trouin quitta Versailles assez peu satisfait ; mais l'accueil enthousiaste que lui firent ses compatriotes parvint à lui faire oublier l'injustice de la cour et les malveillantes menées de ses ennemis.

L'année suivante, *la Concorde* et *la Notre-Dame des Anges* étant enfin arrivées dans de bonnes conditions à Brest, on fit une première répartition des prises. Duguay-Trouin se rendit à Brest, mais la répartition ne se fit pas sans soulever de nouveau les iniques et absurdes accusations qui avaient déjà été portées contre lui.

Abreuvé de dégoûts, Duguay-Trouin revint à Saint-Malo, qu'il ne quitta presque plus durant quelques années.

Ce ne fut que cinq ans plus tard, en 1718, lors de la liquidation générale de l'armement et des parts de prise que la vérité fut enfin reconnue, et qu'on rendit pleine justice au héros.

Les frais d'armement et de désarmement de l'escadre, y compris les salaires des équipages, étaient montés à seize cent mille francs.

L'or, l'argent et les marchandises apportés de

Rio-de-Janeiro, joints au produit du chargement de la *Concorde* et de la *Reine des Anges*, donnèrent aux armateurs, la part du roi et le dixième revenant ux états-majors et aux équipages une fois prélevés, quatre-vingt-douze pour cent de bénéfice[1].

Sans la perte du *Magnanime*, du *Fidèle* et de l'*Aigle*, et sans la friponnerie de quelques négociants des mers du Sud, qui ne payèrent jamais cent mille piastres qu'ils devaient payer, les bénéfices des armateurs se fussent élevés à cent quatre-vingt-douze pour cent.

Ils étaient cependant encore fort respectables et les principaux directeurs de l'armement, autant pour donner à Duguay-Trouin un témoignage de leur satisfaction que pour lui faire oublier les déboires et les dégoûts dont il avait été abreuvé, le gratifièrent, le 11 octobre de la même année, d'une somme de douze mille livres, produit de la poudre à canon qui était restée de l'expédition.

Telle fut cette étonnante expédition qui couronna glorieusement les exploits du héros malouin, en même temps qu'elle fut la digne clôture de l'ère navale du règne de Louis XIV.

1. Porée-Duparc, qui écrivait deux ans après le retour de l'expédition, dit dans son *Testament capitulaire* (commencé en 1709, fini en 1712) :

« Les directeurs n'eurent pas la meilleure part au gâteau. Tous les officiers, soldats ou matelots, qui ont mis pied à terre, en sont revenus très-riches, et la poudre d'or a été très-commune entre eux, comme le prouvent le jeu et la bonne chère qu'ils firent. »

CHAPITRE VIII.

SOMMAIRE. — Paix générale. Duguay-Trouin en profite pour se reposer de ses campagnes à Saint-Malo. — Il fait plusieurs voyages à Versailles, où il reçoit toujours bon accueil. — Il est enfin nommé chef d'escadre. — Mort de Louis XIV. — Duguay-Trouin écrit ses *Mémoires*. — Le cardinal Dubois, premier ministre du Régent, l'appelle au conseil des Indes et le Régent lui-même l'honore d'entretiens particuliers. — Mort du cardinal Dubois, puis du Régent. Avénement du jeune roi Louis XV. — Duguay-Trouin est nommé commandeur de l'ordre de Saint-Louis, puis lieutenant général, puis commandant de la marine à Brest. — Il est choisi pour commander une escadre destinée à faire respecter le drapeau français dans la Méditerranée. — Préparatifs de guerre; la paix se rétablit. — Infirmités de Duguay-Trouin : sa longue et douloureuse maladie, sa mort à 63 ans. — Mort de son frère aîné, l'année suivante (1712-1736).

La glorieuse expédition de Rio-de-Janeiro devait être la dernière campagne, vraiment importante, de la carrière si bien remplie de Duguay-Trouin.

La paix générale, qui fut signée le 11 avril 1713 entre toutes les puissances de l'Europe et qui est connue dans l'histoire sous le nom de paix d'Utrecht, permit à notre héros de jouir enfin d'un repos qu'il avait bien mérité, mais que les exigences de sa périlleuse et fatigante profession ne lui avaient pas encore permis de prendre.

Il ne voulut pas rester à Brest, dont le séjour lui avait été rendu insupportable par l'ingratitude de quelques-uns de ses armateurs et la malveillance de ses ennemis; il revint définitivement à Saint-Malo et se retira dans une petite maison de campagne qu'il possédait à quelques kilomètres de cette ville, sur les bords de la Rance, près Saint-Servan [1].

Certes, s'il se fût montré moins désintéressé dans le cours de ses campagnes, il eût pu facilement acquérir une grande fortune : au lieu de cela il n'avait qu'une aisance modeste, qui lui permettait à peine de satisfaire ses goûts et de soigner paisiblement les douloureuses infirmités qui commençaient déjà à le faire souffrir cruellement. C'était dans les passages brumeux, au milieu desquels il avait été forcé de rester souvent en panne, qu'il avait gagné le germe de ces infirmités, qui ne devaient plus lui laisser de repos jusqu'à sa mort.

Toutefois notre héros quitta sa retraite à plusieurs reprises pour aller à Versailles faire sa cour

1. Cette maison de campagne, nommée la *Flourie* ou la *Haute-Flourie,* est située non loin de Riancourt, près Saint-Servan. Elle existe encore et l'on montrait naguère, dans un coin du jardin, une petite élévation couronnée d'un ormeau, qui avait gardé le nom de *berceau de Duguay-Trouin.* C'est-là, sous ce feuillage, suivant les historiens, que le héros allait prendre le café avec ses amis, après le dîner, et causer de ses campagnes.

au roi, et en même temps consulter les meilleurs médecins.

Le roi et le ministre l'accueillaient toujours avec bienveillance et, à la cour comme à la ville, il se voyait l'objet de l'empressement général. En effet, le retentissement de l'expédition de Rio-de-Janeiro étouffé à l'origine, avait fini par avoir tout son effet : le nom du hardi marin était dans toutes les bouches, on se pressait pour le voir passer dans les rues ; un jour même, à Versailles, une dame de distinction traversa la foule pour le considérer de plus près et lui dit en manière d'excuse : « Monsieur, je voulais voir un héros une fois dans ma vie. »

Dans les premiers jours du mois d'août 1715, Duguay-Trouin se trouvait dans une galerie du palais de Versailles, avec les gentilshommes de service, lorsque le roi passa pour se rendre à la messe. Le roi l'aperçut et, s'arrêtant, fit un pas vers lui et lui annonça, dans les termes les plus bienveillants, qu'il venait de le nommer chef d'escadre de ses armées navales.

Un mois après, le 1er septembre, Louis XIV mourait, laissant la régence du royaume au duc d'Orléans.

Duguay-Trouin fut très-affligé de la mort de ce prince qu'il admirait et aimait ; il quitta la cour et revint à la Flourie.

Dès lors, il employa les loisirs que lui laissaient ses infirmités à étudier les perfectionnements qu'il y avait lieu d'apporter dans la construction des navires et dans l'amélioration du matériel de la marine : c'est aussi à cette époque qu'il s'occupa de rédiger ses *Mémoires*[1].

1. Ces *Mémoires* n'étaient pas destinés à paraître du vivant du héros; mais un sieur de Villepontoux, ayant réussi à en prendre communication et à en faire faire une copie à la hâte, en publia une édition fort défectueuse à Amsterdam, en 1730 : il poussa même l'outrecuidance jusqu'à la dédier à Duguay-Trouin qui la désavoua hautement et en demanda la suppression.

Les amis du héros le pressèrent alors de publier lui-même une édition authentique de ses *Mémoires*, afin de rétablir la vérité des faits : mais il résista à toutes leurs instances et leur déclara avec la plus grande fermeté, que jamais ces *Mémoires* ne seraient imprimés de son consentement, pendant sa vie.

Cette modestie, peut-être exagérée, donne une haute idée du caractère de notre héros. Son seul but, en rédigeant le récit de sa vie et de ses campagnes, avait été d'employer, d'une manière utile pour son pays, les heures d'insomnie que lui faisaient ses infirmités.

« Je crois, disait-il à ses amis, que les *Mémoires* d'un homme qui n'a percé les ténèbres que par une suite assez longue d'entreprises hasardeuses pourront être quelque jour une puissante exhortation à bien servir le roi et l'état. La jeunesse, destinée à suivre le parti des armes, apprendra de bonne heure, en les lisant, qu'une véritable ardeur à s'acquitter de ses devoirs mène souvent plus loin qu'on aurait osé le prétendre; que l'honneur redouble le courage dans les dangers pressants; qu'il inspire l'adresse et la force de les surmonter; que le plus sûr moyen de conserver la vie et l'honneur est de compter pour rien la vie, quand l'honneur parle; et qu'enfin la cour, plus attentive que bien des gens ne le croient à démêler la conduite des particuliers, sait les récompenser quand leur zèle est aussi grand qu'il doit être fidèle et désintéressé. »

La première édition, véritablement authentique, des *Mémoires de Duguay-Trouin*, parut à Paris en 1740, quatre ans après la mort du héros.

Duguay-Trouin avait arrêté le récit de sa vie en 1715, à sa promotion au grade de chef d'escadre : son neveu, M. de la Garde, jugeant avec raison que le public accueillerait avec intérêt

Ces *mémoires*, écrits de souvenir, renferment quelques lacunes regrettables et même quelques innexactitudes.

Duguay-Trouin demeura dans le repos et la retraite jusqu'au commencement de l'année 1723, époque à laquelle le cardinal Dubois, premier ministre du Régent, l'appela à faire partie du conseil des Indes avec quelques autres éminents officiers de marine.

Le commerce avec les Indes étant le plus important du royaume, le conseil chargé de le diriger et de le réglementer jouissait d'une grande autorité..

Duguay-Trouin n'hésita pas à se rendre à l'invitation du ministre, malgré les vives souffrances qni ne cessaient de l'accabler; il quitta la Flourie et vint s'établir à Paris, où il suivit assidûment chaque semaine les séances du conseil, mettant son expérience au service des intérêts de la compagnie des Indes et étudiant les réformes à apporter à l'administration générale de cette compagnie ainsi que les autres questions non moins importantes qui pouvaient se présenter.

La première chose que proposa notre héros, fut de supprimer le conseil des Indes, ou du moins de

l'histoire des dernières années de ce héros, chargea M. Godart de Beauchamp, ami de la famille Trouin et auteur de divers ouvrages, du soin de revoir les *Mémoires* de Duguay-Trouin et de les pousser jusqu'à sa mort. Ces *Mémoires* sont avec ceux du comte de Forbin les seuls *Mémoires* authentiques laissés par de célèbres marins. Il en a été publié, depuis 1740, un grand nombre d'éditions : la plus récente date de 1853.

le rétablir sur une base toute nouvelle. Il présenta au ministre un rapport dans lequel il demandait qu'on substituât à l'administration alors en exercice une compagnie de négociants d'une habileté et d'une probité reconnues, qui travailleraient sous les yeux même du ministre.

Le cardinal Dubois, tout en reconnaissant la supériorité du plan proposé par Duguay-Trouin, ne voulut pas ou peut-être n'osa pas froisser les amours-propres de tous ceux qui composaient le conseil actuel, et le plan du héros ne reçut pas d'exécution; il devait être repris plus tard et devenir l'un des principaux motifs qui assurèrent le succès de la compagnie des Indes.

Duguay-Trouin prit la plus grande part aux travaux du conseil et discuta vivement sur le nombre de vaisseaux que devait employer la Compagnie, sur la quantité de marchandises qu'elle devait importer en France, de manière à satisfaire à la consommation et à maintenir les prix à un taux peu élevé, sans toutefois épuiser les ressources des colonies.

Souvent aussi le ministre consultait Duguay-Trouin sur des matières étrangères à la marine, mais notre héros se défendait toujours de répondre, par excès de modestie.

Le cardinal Dubois lui continua sa confiance jusqu'à sa mort arrivée en 1723.

Le Régent ne se montra pas du reste moins bienveillant. Il le dispensa, sur sa demande, d'assister aux séances du conseil en le priant néanmoins de venir, une fois chaque semaine, l'entretenir en particulier et lui soumettre ses réflexions sur l'état du commerce et de la marine.

Duguay-Trouin, justement fier d'être consulté par un prince aussi éclairé, profita de cette circonstance pour faire décider quelques réformes qui devaient être fort utiles au pays.

C'est ainsi qu'à force de répéter qu'il était extrêmement important d'entretenir constamment la marine sur le pied de guerre, afin que les nations rivales fussent toujours maintenues dans la crainte de notre puissance maritime, Duguay-Trouin obtint qu'on apportât plus d'attention à cette question d'une importance si décisive.

Malheureusement pour Duguay-Trouin et pour le pays, le régent mourut trop tôt : notre héros, honoré de plus en plus de la confiance de ce prince, en eût certainement obtenu des mesures éminemment utiles, en même temps qu'il eût pu arriver lui-même à une fortune des plus brillantes.

Toutefois l'avénement du jeune roi Louis XV ne lui fit aucun tort, puisque, le 1er mars 1728, il fut nommé commandeur de l'ordre de l'ordre de Saint-Louis et lieutenant général, le 27 du même mois.

Un an après, il reçut le commandement de la marine à Brest avec la surveillance des côtes de Bretagne.

Il déploya dans ces nouvelles fonctions une activité que son état croissant de souffrance ne put refroidir, stimulant le zèle des officiers de son commandement, encourageant les ingénieurs de construction navale auprès desquels ses connaissances pratiques et son expérience personnelle lui prêtaient une grande autorité, donnant à propos sur l'aménagement des navires des conseils toujours marqués au coin de la science et du bon sens, surveillant enfin avec le plus grand soin et améliorant tous les détails du matériel de la marine. Il s'attacha aussi d'une manière particulière au maintien de la discipline militaire, qu'il n'avait jamais négligée d'ailleurs et dont il avait souvent éprouvé les excellents effets dans ses campagnes.

En 1731, M. de Maurepas, ministre de la marine, qui faisait grand cas du mérite de Duguay-Trouin, le choisit pour commander une escadre destinée à faire rentrer dans le devoir les nations barbaresques et en obtenir des réparations pour les dommages causés à nos bâtiments de commerce par leurs corsaires, contre la foi des traités.

Déjà, quelques années auparavant [1], on avait en-

1. En 1728, les Tunisiens et les Tripolitains s'étant emparés, en pleine paix, de plusieurs vaisseaux français et ayant osé enlever quelques bâtiments jusque sur les côtes de Provence, le roi résolut d'en tirer satisfaction. Une escadre composée de 8 vaisseaux de guerre, de 3 galiotes à bombe, d'une flûte et d'une barque armée en guerre, et commandée par M. de Grandpré, chef d'escadre, partit de Toulon le 6 juin et arriva le 17 à Tunis. Le dey se hâta d'accorder toutes les satisfactions demandées, un nouveau traité d'alliance fut conclu et des ambassadeurs tunisiens furent envoyés au roi de France pour lui porter les excuses de leur gouvernement.

M. de Gouyon, détaché de l'escadre pour aller demander satis-

voyé à Tunis, à Alger et à Tripoli quelques vaisseaux de guerre, pour se plaindre de ces actes de piraterie presque incessants et en exiger réparation.

Le dey d'Alger et les beys de Tunis et de Tripoli s'étaient hâtés d'accorder toutes les satisfactions demandées, mais fort peu de temps après les corsaires avaient reparu et repris leurs habitudes de brigandage.

faction au bey de Tripoli qui retenait arbitrairement trois navires français, montra la même énergie et obtint le même succès. Il menaça le bey de bombarder sa ville, s'il ne renvoyait pas les trois navires avec des otages sous vingt-quatre heures. Le bey ayant renvoyé les trois navires, sans otages, M. de Gouyon lança 1800 bombes dans Tripoli, ce qui décida le dey à lui envoyer au plus tôt les otages qu'il demandait, en promettant en outre d'envoyer des ambassadeurs au roi.

Quelques jours après, M. de Cheylus, capitaine de la barque armée en guerre, ayant aperçu deux galiotes et une pinque tripolitaines qui poursuivaient un bâtiment français, courut au secours de celui-ci et, après un combat qui dura une heure et demie, coula bas la pinque et mit les deux galiotes en fuite. Il rencontra encore près de Madon, une belinde de la même nation en quête d'une proie et la traita comme elle le méritait.

Enfin, le consul français ayant été insulté à Tripoli, M. de Grandpré s'apprêtait à en tirer vengeance, lorsque le dey le prévint en faisant punir ceux qui avaient insulté le consul et en envoyant des ambassadeurs porter ses excuses au roi de France. Ces ambassadeurs furent reçus le 18 août 1729.

En 1730, les corsaires algériens ayant recommencé à troubler le commerce de nos nationaux, M. de Génieu appareilla de Toulon avec deux vaisseaux pour aller demander au dey d'Alger réparation des exactions commises par ses corsaires.

Le dey renvoya aussitôt plusieurs esclaves chrétiens, fit punir cruellement ceux qui s'étaient rendus coupables des actes de piraterie signalés, et, chose qui ne s'était jamais faite jusque-là, il envoya son premier ministre souhaiter, en son nom, un bon et heureux voyage à M. de Génieu, le jour où celui-ci devait quitter Alger pour retourner en France.

Il s'agissait donc, cette fois, d'en imposer sérieusement à ces nations de bandits par un déploiement de forces redoutables, relevé encore par le nom, fameux en Europe, du vainqueur de Rio-de-Janeiro.

L'escadre, mise sous le commandement de Duguay-Trouin, se composait de quatre magnifiques vaisseaux de guerre, *l'Espérance*, de soixante-douze canons, *le Léopard*, de soixante, *le Toulouse*, de soixante, et *l'Alcyon*, de cinquante-quatre.

Duguay-Trouin mit son pavillon de lieutenant général sur *l'Espérance*. Sous lui, servait en qualité de capitaine en second le marquis d'Antin, deuxième fils du comte de Toulouse.

L'escadre quitta la rade de Toulon le 3 juin et le 11 elle arriva à Alger.

Effrayé, le dey se hâta de protester de son bon vouloir pour « l'Empereur de France » et d'accorder les satisfactions demandées : il fit punir les corsaires qui s'étaient rendus coupables de piraterie, et renvoya quelques esclaves génois que ces corsaires avaient osé capturer jusque sur les côtes de Provence.

Ce premier succès obtenu, l'escadre quitta bientôt Alger pour se rendre à Tunis et à Tripoli (de Barbarie), où elle mouilla le 13 juillet. A Tunis et à Tripoli comme à Alger, Duguay-Trouin, par le prestige de son nom autant que par l'appareil imposant de son escadre, représenta dignement le pavillon français et tira des beys toutes les satisfactions qu'il voulut.

L'escadre se divisa en sortant de Tripoli. Duguay-Trouin avec *l'Espérance* et *le Toulouse* se dirigea sur les côtes de la Turquie d'Asie, véritables repaires de pirates, pendant que le *Léopard* et *l'Alcyon*, sous le commandement de M. de Camilly, allaient de leur côté visiter Alexandrie, Saint-Jean-d'Acre et Seyde.

M. de Camilly avait ordre de rallier l'escadre à Smyrne, afin de revenir en France avec elle.

Le 1er août, *l'Espérance* et *le Toulouse* arrivèrent à Tripoli en Syrie; le 6, les deux vaisseaux mouillèrent devant Alexandrette, le 18 à Lernica, dans l'île de Chypre, le 9 septembre à Rhodes, le 13 à Stanchio, le 16 à Samos, le 20 aux îles d'Ourlac et le 24 enfin à Smyrne.

Partout Duguay-Trouin fit respecter le nom du roi de France et obtint des garanties sérieuses pour le commerce, partout on l'accueillit personnellement avec les plus grands honneurs.

Le lendemain de l'arrivée de *l'Espérance* et du *Toulouse* à Smyrne, *le Léopard* et *l'Alcyon* y arrivaient de leur côté. M. de Camilly s'était acquitté avec le plus grand succès de la mission qui lui avait été confiée.

Le 4 octobre, l'escadre quitta la rade de Smyrne et fit voile pour Toulon, où elle arriva le 1er novembre.

Cette expédition toute pacifique rendit à la France la domination de toute la Méditerranée et, bien qu'il n'y eut pas eu de sang versé ni de poudre brûlée, le commerce français en retira plus d'avantages que d'une sanglante victoire[1].

Ce fut la dernière campagne de Duguay-Trouin. Ses souffrances devinrent bientôt après si graves qu'il fut contraint de rester chez lui et qu'on put déjà prévoir que sa mort serait prochaine.

Cependant, la guerre ayant paru se rallumer un moment, après tant d'années de paix, notre héros oublia comme par enchantement ses maux et déploya une activité merveilleuse.

En effet, le roi, inquiet des armements considérables que faisait l'Angleterre, voulut prévenir les éventualités : il fit armer une escadre à Brest et en donna le commandement à Duguay-Trouin.

Duguay-Trouin aussitôt de visiter chaque jour les vaisseaux de son escadre, d'en surveiller les plus petits détails, et d'exercer ses troupes sans se lasser un instant, leur faisant exécuter des descentes et des rembarquements sans confusion, et toutes les autres manœuvres utiles à connaître.

L'escadre ne tarda pas à être prête à mettre à la voile; mais la paix, qui paraissait compromise, s'étant rétablie, Duguay-Trouin dut rentrer dans le port et désarmer.

1. Le marquis d'Antin rédigea le compte rendu détaillé de cette campagne. Ce compte rendu manuscrit, orné de planches dessinées et coloriées à la main, est conservé la Bibliothèque du dépôt des cartes et plans de la marine, à Paris. Il a pour titre : « Journal du marquis d'Antin (deuxième fils du comte de Toulouse), relation de la campagne de 1731, dans les échelles du Levant. » C'est un manuscrit des plus précieux.

Dessiné et gravé par Pierron.

RENÉ DUGUAY-TROUIN (1736, septembre).

Dès lors, ce héros que l'espoir de rendre encore service à son pays ne soutenait plus, ressentit plus vivement que jamais ses souffrances.

Enfin, elles revêtirent, en 1736, un caractère si alarmant que Duguay-Trouin prit le parti de se faire transporter à Paris, espérant que les médecins de cette ville trouveraient quelque moyen de le soulager et de le guérir.

Vain espoir! Le mal augmenta rapidement et bientôt il devint impossible au malade lui-même de se faire illusion sur sa position.

Mais le héros qui, tant de fois dans le cours de sa glorieuse carrière, avait vu la mort de près, ne devait pas se troubler à ce terrible moment.

Le 11 septembre, sentant qu'il n'avait plus que peu de jours à vivre, il écrivit au cardinal de Fleury, premier ministre, une lettre touchante dans laquelle il lui annonçait sa mort prochaine et lui recommandait sa famille.

Tel avait été, en effet, le désintéressement de cet homme remarquable qu'après avoir vu tant de richesses lui passer par les mains, après avoir eu à sa discrétion l'une des plus riches villes du monde, il n'avait que le souvenir de sa gloire et son nom à léguer aux siens.

Le cardinal répondit avec la plus grande bienveillance à la lettre de Duguay-Trouin [1].

1. Voici la lettre du cardinal de Fleury :

« Versailles, le 23 septembre 1736.

« Si j'ai différé, monsieur, de répondre à votre lettre du 17, ce

Quelques jours après, celui-ci recevait les derniers secours de la religion, et, le 27 septembre 1736, il rendait le dernier soupir. Il était âgé de soixante-trois ans deux mois dix-sept jours.

Cette mort retentit dans la France entière, mais principalement à Brest et à Saint-Malo, la ville où il était né et le port où tant de fois il avait appareillé pour aller à l'ennemi et où il avait rapporté de si riches dépouilles.

A Saint-Malo, M. de Beauvais Lefer, maire de la ville et ami particulier du héros, lui fit faire, le 8 octobre, un service solennel dans l'église des Bénédictins, aux frais de la municipalité.

A la cour aussi Duguay-Trouin fut regretté : le roi donna publiquement des regrets à sa mémoire.

L'année suivante, le 25 octobre 1737, Luc de la Barbinais-Trouin, frère de Duguay-Trouin, mourut à son tour, à l'âge de soixante et onze ans.

n'a été que pour pouvoir la lire au roi, qui en a été attendri, et je n'ai pu moi-même m'empêcher de répandre des larmes : vous pouvez être assuré que Sa Majesté sera disposée, en cas que Dieu vous appelle à lui, à donner des marques de sa bonté à votre famille : et je n'aurai pas de peine à faire valoir auprès d'elle votre zèle et vos services. Dans le triste état où vous êtes, je n'ose vous écrire une plus longue lettre, et je vous prie d'être persuadé que je connais toute l'étendue de la perte que nous ferons, et que personne au monde n'a pour vous des sentiments plus remplis d'estime et de considération que ceux avec lesquels je fais profession de vous honorer.

« *Signé* · Le card. DE FLEURY. »

CHAPITRE IX.

SOMMAIRE. — Jugement sur Duguay-Trouin, homme de mer et homme privé : sa sévérité, mais aussi son dévouement à l'endroit de ses officiers et de ses soldats; son respect pour l'ennemi vaincu ; son désintéressement et sa modestie extraordinaires; son peu de goût pour le métier de courtisan; indépendance de son caractère et sûreté de son jugement; ses opinions singulières sur la prédestination; ses sentiments religieux; son affection pour la famille; son portrait, suivant les tableaux du temps; ses succès auprès des femmes, pourquoi il ne s'est pas marié; ses qualités privées; son esprit, sa bienveillance et sa générosité. — Honneurs rendus à la mémoire de Duguay-Trouin; ses portraits conservés à Saint-Malo; autres souvenirs du héros qu'on peut voir encore dans cette ville; la place Duguay-Trouin et la statue en pied du marin à Saint-Malo; sa statue au palais de Versailles; la rue Duguay-Trouin ; les historiens de Duguay-Trouin ; immortalité assurée au nom de Duguay-Trouin.

Le héros de tant de magnifiques combats, le vainqueur du *Sans-Pareil*, du *Cumberland*, du *Delft* et du *Coventry*, le conquérant de Rio-de-Janeiro, réunissait au plus haut point toutes les qualités de l'homme de mer.

Intrépide comme Jean-Bart, il ne lui a manqué

peut-être pour déployer le génie maritime des Tourville et des Duquesne qu'une scène plus vaste que celle où il eut occasion d'agir.

Il possédait, à un rare degré, l'art d'enflammer son équipage et de lui communiquer l'ardeur irrésistible qui l'animait lui-même. Lorsqu'il s'élançait, l'épée haute, à l'abordage d'un vaisseau ennemi, tous ses gens, entraînés par son exemple, se pressaient derrière lui : il ne restait plus que les mousses à bord.

Un jour, un officier se plaignant devant lui d'avoir été mal secondé par son équipage :

« Mon cher, lui dit Duguay-Trouin, c'est que vous n'aviez pas de courage pour eux tous ! »

Du reste, bien qu'il maintînt parmi ceux qu'il avait sous ses ordres la discipline la plus sévère, quelquefois même la plus dure, il en était adoré : officiers, matelots, mousses, tous eussent été prêts à se faire tuer pour lui. Mais aussi ils étaient tous assurés de trouver en lui un protecteur infatigable et un véritable père. Souvent on le vit quitter Brest pour se rendre à Versailles solliciter quelque faveur auprès du roi pour un de ses officiers.

« Je suis trop récompensé, disait-il au ministre qui lui promettait qu'on ne l'oublierait pas lui-même, si j'obtiens l'avancement de mes officiers. »

En 1707, après la prise du *Cumberland*, le roi lui ayant accordé une pension de 1000 livres, Duguay-Trouin poussa le désintéressement jusqu'à prier le roi de reverser cette pension sur son capitaine en second, M. de Saint-Auban, officier de grand mérite mais sans fortune, et qui avait perdu une cuisse dans le combat.

A plusieurs reprises, nous l'avons vu se dévouer pour ses camarades et faire, comme il le disait, l'*office du bon pasteur*, afin d'arracher quelque vaisseau de son escadre à l'ennemi, au risque de se perdre lui-même.

L'une des plus belles qualités de Duguay-Trouin est l'attention qu'il eut toujours de professer la plus grande estime et le plus grand respect pour ses ennemis après la victoire.

« Quiconque n'est pas capable d'aimer et de respecter la valeur dans son ennemi, avait-il l'habitude de dire, ne peut avoir le cœur bien fait. »

Nous avons déjà eu occasion de dire combien il était désintéressé, mais nous ne saurions trop le répéter. En effet, la glorieuse profession, qu'il exerçait si vaillamment et qu'il éleva si haut, lui fournissait mille occasions pour une de s'enrichir plus ou moins honnêtement et, pour ne pas céder à la tentation, il lui fallut certainement une bien grande force de caractère.

Ce qu'on ne saurait encore trop louer dans ce héros, c'est son extrême modestie, qu'il poussait souvent à un point tout à fait extraordinaire.

Ainsi, dans ses *Mémoires*, quand il fait le récit de quelqu'une de ses campagnes, il rend pleine et entière justice à chacun de ceux qui l'ont secondé, chaque officier a sa part d'éloge et de gloire, et ce n'est que de lui seul qu'il néglige de parler.

Si on en croyait ce qu'il raconte, le succès de sa merveilleuse expédition de Rio-de-Janeiro, si habilement, si énergiquement conduite, serait dû presque exclusivement à la valeur de la plupart des officiers en général et à celle des capitaines en particulier.

Dans la dernière partie de sa vie, quand son nom était devenu fameux dans toute l'Europe, il donna aux courtisans de Versailles une leçon de modestie qui lui fait le plus grand honneur.

Il se promenait avec quelques gentilshommes dans l'antichambre du roi lorsque, apercevant dans une embrasure de fenêtre un homme de pauvre mine et d'une mise fort négligée que chacun semblait dédaigner, il courut à lui, l'embrassa et s'entretint longtemps avec lui, au grand scandale des gentilshommes, qui lui demandèrent ensuite, avec des airs de mépris, quel était cet homme.

« C'est, leur répondit-il, le plus grand homme de mer que la France ait aujourd'hui : c'est Cassard. Je donnerais toutes les actions de ma vie pour une seule des siennes. Il n'est pas connu ici, mais il est redouté chez les Portugais, les Anglais et les Hollandais, dont il a ravagé les possessions en Afrique et en Amérique. Avec un seul vaisseau il faisait plus qu'une escadre entière. »

Illustre et magnifique témoignage qui fera éternellement l'éloge du héros qui le rendit et de celui qui en fut l'objet.

Toutefois, il ne faudrait pas croire que l'extrême modestie de Duguay-Trouin l'empêchât de remettre à leur place à l'occasion les courtisans qui affectaient de prendre sur lui quelque air de supériorité : les muguets de Versailles n'avaient pas beau jeu avec lui.

Duguay-Trouin n'était pas fait, d'ailleurs, pour le métier d'homme de cour, il n'avait pas l'habile dissimulation et la souplesse d'échine qu'il faut pour y réussir ; aussi ne se rendait-il à Versailles que pour faire sa cour au roi, à l'endroit duquel il professait une affection aussi profonde que désintéressée, ou pour obtenir quelque faveur à l'un de ses officiers.

L'indépendance de son caractère était telle qu'il se pliait difficilement, quand il s'agissait d'aller au feu, à la nécessité de prendre d'autres avis que ceux de sa valeur et de son expérience. Il s'est plaint amèrement, dans ses *Mémoires*, d'avoir été quelquefois obligé de subir et d'exécuter les conseils d'officiers moins résolus que lui, dont la faiblesse lui avait fait manquer les plus belles occasions.

Cet esprit entier et absolu aurait pu l'entraîner parfois à des mesures qu'il eût ensuite regrettées, si la sûreté de son jugement n'avait pas été aussi remarquable. Il faut ajouter qu'il apportait une extrême prudence dans la combinaison et les préparatifs de ses entreprises et qu'il ne négligeait aucun détail : autant il était hardi, intrépide dans l'action, autant il était prudent, attentif, méticuleux même avant de rien entreprendre.

Il avait, comme nous l'avons vu, certaines opinions assez singulières sur les pressentiments et la prédestination : il croyait fermement que les événements importants qui devaient avoir lieu lui étaient communiqués à l'avance par quelque démon familier, qui lui inspirait en même temps la meilleure conduite à tenir. Il ne faudrait cependant pas ajouter trop d'importance à cette tendance à accueillir ces sortes de superstition : car il conserva toute sa vie des sentiments religieux très-élevés.

La première chose qu'il faisait, soit quand en 1695, lors de son évasion de Plymouth, il mettait enfin pied à terre après une traversée miraculeuse de deux jours et de deux nuits, soit quand, en 1705, il échappait par un autre miracle à quinze vaisseaux de guerre anglais qui le tenaient cerné, était de tomber à genoux pour remercier Dieu de l'avoir sauvé.

Après la prise de Rio-de-Janeiro il poussa si loin le respect de la religion, qu'il fit punir de mort quelques soldats sacriléges qui n'avaient pas craint, au mépris de ses ordres formels, de s'emparer de vases sacrés et d'ornements sacerdotaux.

Enfin, avant de mourir, il reçut avec la plus grande ferveur les derniers secours de la religion.

Du reste Duguay-Trouin joignait aux brillantes qualités du marin et du soldat les plus belles et les plus rares vertus de l'homme privé.

Il conserva toujours la plus grande affection pour sa famille. Les deux plus vifs chagrins de sa vie furent de voir mourir entre ses bras, à dix ans de distance, ses deux jeunes frères, frappés mortellement à la tête de leurs hommes. Il fut si affecté de la perte de ces deux héroïques jeunes gens que pour l'arracher à sa douleur il ne fallut pas moins que l'espérance de rencontrer l'occasion d'être encore utile à son pays et de venger ses frères.

Duguay-Trouin se montra également toujours très-attaché à son frère aîné, la Barbinais-Trouin, à sa sœur, Charlotte Trouin de la Garde, et à ses neveux.

Huit jours avant sa mort, il trouvait encore la force d'écrire au ministre pour lui recommander sa famille.

Il ne se maria point, soit qu'il ait cru que les exigences de sa périlleuse profession ne lui permettaient pas d'associer une compagne à son aventureuse destinée, soit que son caractère indépendant et entier l'ait porté à ne pas s'enchaîner par des liens impossibles à rompre.

Toutefois le charme de son esprit, sa bravoure intrépide et sa réputation devaient lui assurer, non moins que ses agréments physiques, de nombreux succès auprès des femmes, dignes appréciatrices de la valeur.

Tous les portraits du temps, qui ont été conservés, représentent en effet le héros avec un visage ouvert et agréable : les yeux sont grands et pleins d'expression, la bouche bien faite, le nez d'une coupe fort noble. La perruque, que l'on portait à cette époque, encadre bien le visage un peu allongé et lui donne fort bon air. Aucun portrait ne représente Duguay-Trouin avec des moustaches et de la barbe; mais dans tous, la physionomie est avenante à la fois et imposante : on voit que ce n'est pas là un homme ordinaire.

Duguay-Trouin était d'une taille avantageuse et bien proportionnée; ces avantages naturels avaient été développés et fortifiés chez lui par l'escrime, la paume, l'équitation et tous les exercices du corps en général, pour lesquels il eut toujours un goût très-prononcé.

Ses *Mémoires* et d'autres manuscrits du même temps laissent entendre que le vaillant marin fut le héros d'un grand nombre d'aventures galantes. Il paraîtrait cependant qu'il n'eut dans sa vie qu'une seule passion véritablement sérieuse[1]. Cette passion n'ayant pas été couronnée de succès, Duguay-Trouin s'attacha, dit-on, dans la suite à éviter tout engagement assez grave pour lui faire négliger les devoirs de sa profession.

Du reste, ce penchant pour la galanterie, qu'un des historiens de notre héros, Richer, appelle assez naïvement le vice des grands hommes et le moins funeste à l'humanité, est le seul qu'on puisse reprocher à Duguay-Trouin.

1. Pour une demoiselle de la Moinerie-Miniac, d'une excellente famille de Saint-Malo.

Jamais en effet il n'aima le vin ni la table et ses mœurs privées furent toujours aussi douces que son ardeur au combat était bouillante.

Il était fort affable et fort gai à l'ordinaire. Cependant les douloureuses infirmités qui tourmentèrent les quinze dernières années de sa vie, finirent par le porter à la tristesse, ou plutôt à une sorte de langueur mélancolique. Souvent il se tenait à l'écart, dans les réunions qu'il ne pouvait éviter, fuyant les importuns et se dérobant à toute conversation.

Quelquefois même, après l'avoir entretenu fort longtemps, on s'apercevait tout d'un coup qu'il n'avait entendu ni écouté un seul mot, soit qu'il eût été absorbé par les grands projets qu'il avait toujours en tête, soit qu'il eût été distrait par une autre cause.

On était assuré toutefois de s'en faire écouter quand on avait besoin de lui; sa bienveillance et sa générosité n'avaient pas d'égales.

Tel fut ce célèbre marin et cet homme remarquable de tout point qui fera l'éternel honneur de la ville qui lui donna le jour.

Fière à juste titre de ce glorieux enfant, la ville de Saint-Malo s'est chargée de transmettre son souvenir à la postérité, à défaut d'héritiers qui pussent continuer son nom.

On conserve religieusement à l'hôtel de ville de Saint-Malo, dans la salle des délibérations du conseil municipal, un portrait en pied du héros, exécuté à Paris en décembre 1767, d'après un portrait authentique du temps, et placé dans cette salle le 2 novembre 1769.—On montre encore dans une autre salle, dans celle des concerts, un autre portrait du héros plus moderne, signé Riss, 1841.

On peut voir aussi au musée de la ville plusieurs objets qui rappellent le souvenir de Duguay-Trouin et que l'on conserve comme des reliques.

C'est d'abord un canon de huit en cuivre, sur lequel on lit : *Donné par Duguay-Trouin à la ville de Saint-Malo*. C'est le seul qui reste de quatorze canons que le héros avait offerts à sa ville natale à son retour de Rio-de-Janeiro[1].

Puis, un portrait de Duguay-Trouin gravé d'après un portrait authentique, en 1781, par Bradel, et dédié à la ville de Saint-Malo qui, en retour, honora l'artiste du titre de citoyen de Saint-Malo.

Puis le projet d'une statue en pied à élever au célèbre marin. Cette ébauche de proportions restreintes est en terre à modeler et ne porte d'ailleurs ni date, ni nom d'auteur.

Enfin on conserve précieusement dans les archives de la ville six cahiers des *Mémoires* de Duguay-Trouin, entièrement écrits de sa main et trouvés dans la bibliothèque d'un de ses neveux, M. Jazier-Lagarde, chanoine de Saint-Malo[2]. Ces

1. Du reste, ce canon, qui se trouvait sans doute fort détérioré, a été refondu à une date relativement récente ; car il porte le millésime 1793 et le nom d'un fondeur de cette époque.

2. Ces cahiers, inscrits aux archives sous cette rubrique : *Arch. M. II.* n° 68, portent sur la couverture cette inscription : 6 ca-

six cahiers, malheureusement, ne contiennent qu'une partie des *Mémoires;* ils s'arrêtent en 1705, au milieu du combat que le héros livra contre *le Honster*.

Il existe encore à Saint-Malo un objet qui rappelle le souvenir de Duguay-Trouin : c'est la cloche, appelée la *Noguette*, qui se trouve dans le clocher de la cathédrale, et qui sonne le couvre-feu le soir à dix heures.

On assure que cette cloche a été rapportée de Rio-de-Janeiro par un soldat d'artillerie, attaché à l'expédition, un certain Noguet, qui l'aurait choisie pour sa part de butin et l'aurait donnée à sa ville natale, à son retour[1].

Jusqu'à la révolution, cette cloche demeura dans le beffroi qui existait sur les tours de la Grande Porte. Elle servait à convoquer la maison de ville, à marquer aux ouvriers du sillon et du port les heures de repos et celles du travail, et à sonner enfin la retraite avant la fermeture des portes.

Mais la ville de Saint-Malo ne se contenta pas d'honorer la mémoire de son héros en conservant ces reliques avec un respect religieux, elle voulut

hiers des *Mémoires* de Duguay-Trouin écrits par lui-même de sa main, et trouvés dans la bibliothèque d'un de ses neveux, chanoine à Saint-Malo et y décédé (M. Jazier Lagarde). Ces mémoires appartiennent à Mme veuve Jouan Jan. Ces six cahiers ont été donnés à la ville de Saint-Malo par la famille Jouan Jan.

1. Suivant les lois de la guerre alors en vigueur, les cloches d'une ville prise d'assaut, appartenaient aux officiers et soldats d'artillerie.

consacrer à jamais, par une mesure plus frappante, l'admiration que chaque génération professait pour le vainqueur de Rio-de-Janeiro.

Le lundi 16 février 1829, une statue en marbre de Duguay-Trouin, était solennellement inaugurée sur l'une des plus belles places de la ville, la place d'Armes, qui de ce jour prit le nom de place Duguay-Trouin[1].

Le héros est représenté en pied, en costume de lieutenant général des armées navales. Il a la tête nue; d'une main il tient son porte-voix et de l'autre il serre sur sa poitrine, avec un mouvement plein d'énergie, une lettre déployée; ses traits héroïques semblent animés d'une résolution extraordinaire, on sent qu'il vient de prendre un parti extrême et qu'il va donner l'ordre de l'exécuter.

Cette statue repose sur un socle en granit gris de fer; elle est signée Dominique Molchneht, 1827.

Du reste les Malouins n'avaient pas été les premiers à rendre cet hommage à leur glorieux compatriote.

Déjà, en 1818, le gouvernement de Louis XVIII ayant décidé, par une ordonnance datée du mois de janvier, que douze statues en marbre de Carrare, représentant les guerriers les plus illustres de la France, seraient commandées aux meilleurs artistes du temps pour être placées dans Paris, Du-

1. La place Duguay-Trouin est ornée dans tout son périmètre d'une double rangée d'arbres et de bancs de pierre : elle est située devant l'une des façades de l'hôtel de ville.

guay-Trouin fut un des premiers auxquels on songea.

Sa statue, œuvre de du Pasquier, fut exécutée en 1822, elle orna pendant quelques mois le pont Louis XIV; puis elle fut transportée, avec les onze autres, dans la grande cour d'entrée du palais de Versailles, où elle se trouve encore.

Enfin, la ville de Paris, jalouse d'honorer aussi la mémoire de ce grand homme, donna son nom à l'une de ses rues.

Un certain nombre d'historiens se sont occupés d'écrire la vie de Duguay-Trouin et de raconter ses campagnes. Les plus consciencieux et les mieux instruits de ces historiens sont l'abbé Manet et M. Ch. Cunat, tous deux de Saint-Malo.

Thomas l'académicien est l'auteur d'un *éloge de Duguay-Trouin* qui obtint le prix de l'Académie, en 1769.

Mais la mémoire de Duguay-Trouin n'a rien à craindre de l'oubli, et son nom seul en dira toujours plus qu'aucun éloge académique.

FIN.

TABLE.

CHAPITRE IV.

CHAPITRE V.

CHAPITRE VI.

CHAPITRE VII.

CHAPITRE VIII.

CHAPITRE IX.

FIN DE LA TABLE.

Coulommiers. — Typ. P. BRODARD et GALLOIS.

ÉDITIONS A 1 FRANC 25 C. LE VOLUME, FORMAT IN-18 JÉ[SUS]

Le cartonnage en percaline gaufrée se paye en sus [5]0 cent. par volume.

Agassiz (M. et Mme) : *Voyage au Brésil*, 1 vol. avec une carte.
Aunet (Mme Léonie d') : *Voyage d'une femme au Spitzberg*. 1 vol.
Badin (Ad.). *Duguay-Trouin*. 1 vol.
— *Jean Bart*. 1 vol.
Baines (Th.). *Voyage dans le Sud-Ouest de l'Afrique*. 1 vol.
Baker (S. W.) : *Le lac Albert*. Nouveau voyage aux sources du Nil. 1 vol.
Baldwin. *Du Natal au Zambèse*, 1863-1866. Récits de chasses. 1 vol.
Barrau (Th.-H.). *Conseils aux ouvriers sur les moyens d'améliorer leur condition*. 1 v.
Bernard (Fréd.). *Vie d'Oberlin*. 1 vol.
Bonnechose (Émile de). *Bertrand du Guesclin*. 1 vol.
— *Lazare Hoche*. 1 vol.
Burton (le capitaine) : *Voyages à la Mecque, aux grands lacs d'Afrique et chez les Mormons*. 1 vol. avec 3 cartes.
Calemard de la Fayette. *La Prime d'honneur*. 1 vol.
— *L'Agriculture progressive*. 1 vol.
Carraud (Mme Z.). *Une Servante d'autrefois*. 1 vol.
Charton (Ed.). *Histoires de trois enfants pauvres*. 1 vol.
Corne (H.). *Le Cardinal Mazarin*. 1 vol.
— *Le Cardinal de Richelieu*. 1 vol.
Corneille (Pierre). *Chefs-d'œuvre*. 1 vol.
Deherrypon (Martial). *La Boutique de la marchande de poissons*. 1 vol.
Delapalme. *Le Premier livre du citoyen*. 1 vol.
Duval (Jules). *Notre pays*. 1 vol.
Ernouf (Le baron). *Histoire de trois ouvriers français*. 1 vol.
— *Jacquard. Philippe de Girard*. 1 vol.
— *Denis Papin*. 1 vol.
Franck (A.) : *Morale pour tous*; 2e édit. 1 volume.
Franklin. *Œuvres*, traduites de l'anglais et annotées par Ed. Laboulaye. 5 vol.
Guillemin (Amédée). *La Lune*. 1 vol. avec 2 grandes planches et 46 vignettes.
— *Le Soleil*. 1 vol. avec 58 figures.
— *La Lumière*. 1 vol. avec 71 figures.
— *Le Son*. 1 vol. avec 70 figures.
Hauréau (B.). *Charlemagne et sa cour*. 1 v.
Hayes (Dr I.-I.) : *La mer libre du pôle*. 1 v.
Hoefer (Dr) : *Les saisons*, études de la nature. 2 séries formant 2 vol. avec figures.
Chaque série se vend séparément.
Homère. *Les beautés de l'Iliade et de l'Odyssée*, traduction de M. Giguet. 1 v.
Jonveaux (Émile) : *Histoire de quatre ouvriers anglais* (Maudslay, Stephenson, W. Fairbairn, J. Nasmyth). 1 vol.
— *Histoire de trois potiers célèbres*. 1 vol.
Joinville (Le sire de). *Histoire de saint Louis*, texte rapproché du français moderne, par Natalis de Wailly. 1 vol.

Jouault. *Abraham Lincoln*. 1 vol. [avec] deux portraits.
— *Georges Washington*. 1 vol. [avec] cartes.
Labouchère (Alf.). *Oberkampf*. 1 v[ol].
Lacombe (P.) : *Petite histoire du [peuple] français*. 1 vol.
La Fontaine. *Choix de fables*. 1 vol.
Lanoye (Fr. de) : *L'Inde contemp[oraine]*. 1 vol.
Le loyal serviteur : *Histoire du [bon] seigneur de Bayart*, 1 vol.
Livingstone (Charles et David). *Explorations dans l'Afrique centrale et dans le bassin du Zambèse*. 1840-186[4]. 1 vol.
Mage (E.) : *Voyage dans le Soudan occidental*. 1 vol. avec une carte.
Marcoy (P.) : *Scènes et paysages [dans] les Andes*. 2 vol.
Meunier (Mme H.). *Le Docteur au [village]*. Entretiens familiers sur l'hygiène. 1 [vol.] Entretiens sur la botanique. 1 vol.
Milton (le Vte) et le Dr W. [illegible]. *Voyage de l'Atlantique au [Pacifique] à travers les montagnes Roch[euses]*. 1 vol. avec cartes.
Molière. *Chefs-d'œuvre*. 2 vol.
Mouhot. *Voyages à Siam, dans le Cam[bodge] et le Laos*. 1 vol.
Müller (Eug.). *La boutique du marc[hand] de nouveautés*. 1 vol.
Palgrave (W. G.) : *Une année d[ans] l'Arabie centrale*. 1 vol. avec carte.
Perron d'Arc : *Aventures d'un voyage[ur] en Australie*. 1 vol.
Pfeiffer (Mme Ida). *Voyage autour [du] monde*, édition abrégée par J. Belin de Launay. 1 vol.
Piotrowski (R.) : *Souvenirs d'un Sibérien*. 1 vol.
Poirson. *Guide-Manuel de l'Orphéoniste*. 1 vol.
Racine (Jean). *Œuvres complètes*. 3 v[ol].
— *Chefs-d'œuvre*. 2 vol.
Reclus (E.) : *Les phénomènes terrestres*. 2 vol. qui se vendent séparément :
I. *Les continents*. 1 vol.
II. *Les mers et les météores*. 1 vol.
Rendu (Victor). *Principes d'agriculture*. 1 vol. avec vignettes.
— *Mœurs pittoresques des insectes*. 1 vol.
Shakspeare. *Chefs-d'œuvre*. 3 vol.
Speke (Journal du capitaine John Hanning). *Découverte des sources du Nil*. 1 v.
Thévenin (Évariste). *Cours d'économie industrielle*. 3 vol.
— *Entretiens populaires*. 9 vol.
Chaque volume se vend séparément.
Vambéry (Arminius). *Voyages d'un faux derviche dans l'Asie centrale*. 1 vol.
Véron (E.). *Les Associations ouvrières en Allemagne, en Angleterre et en France*. 1 vol.
Wallon (de l'Institut). *Jeanne d'Arc*. 1 v. 12[°].

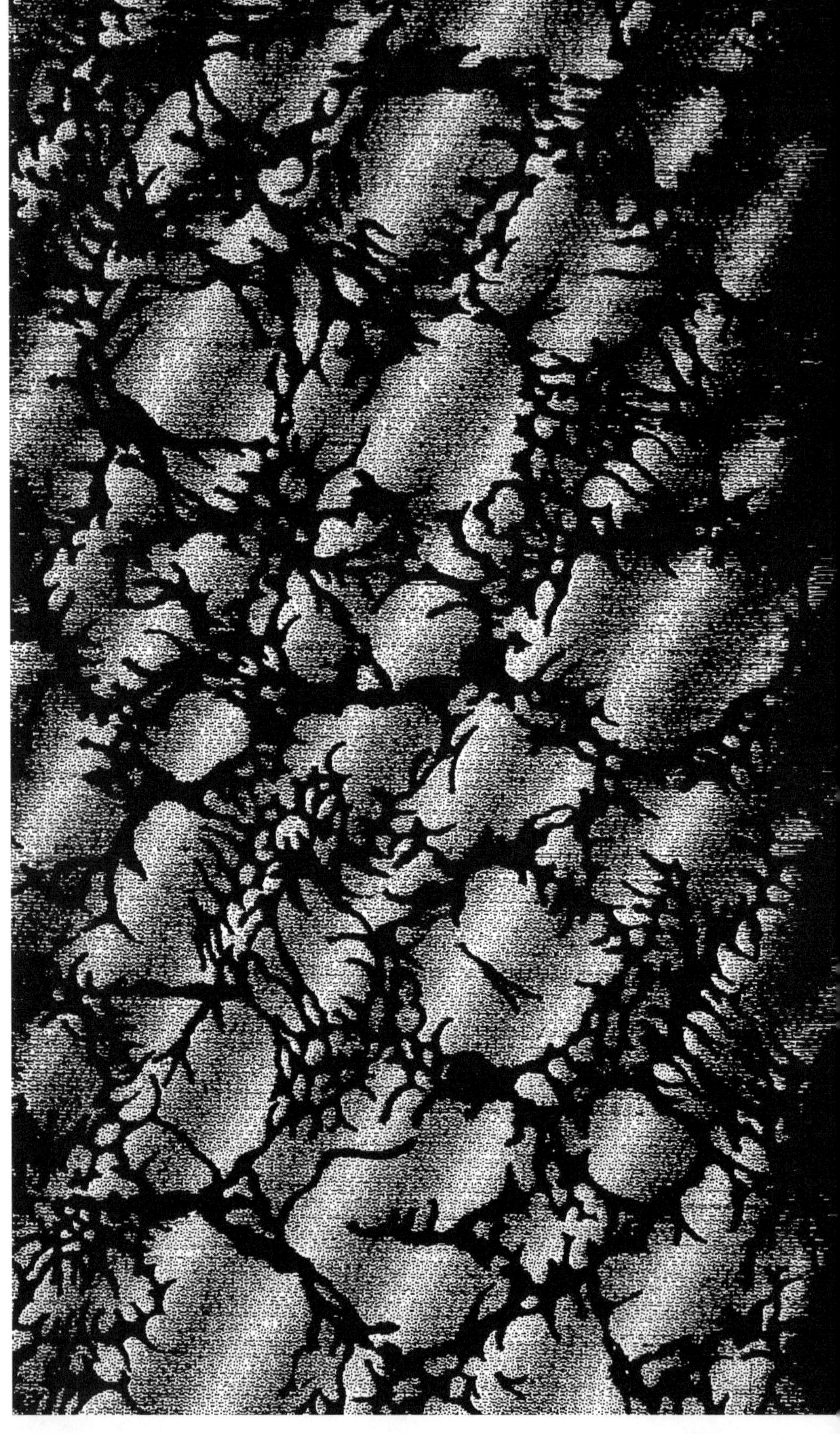

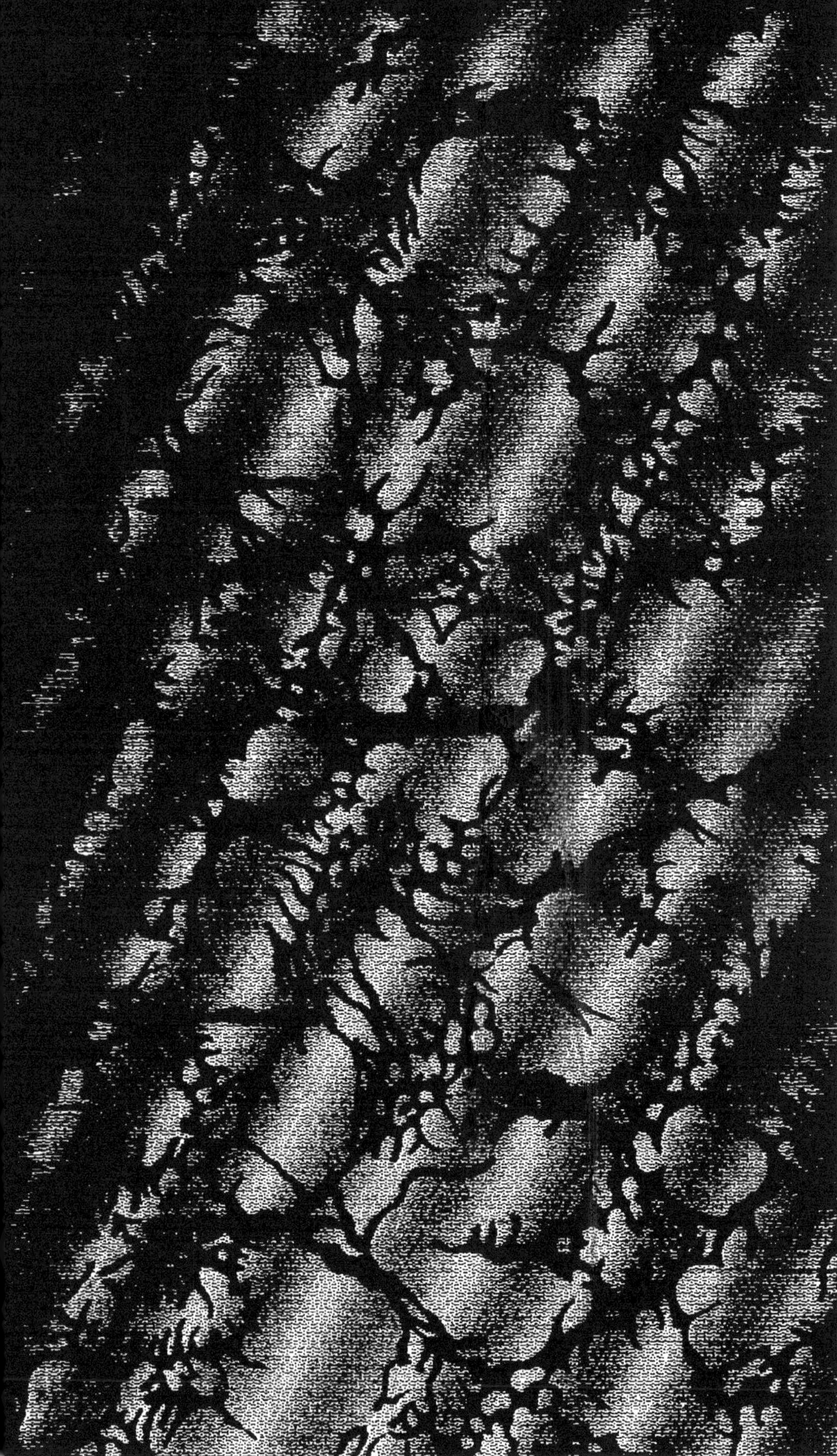

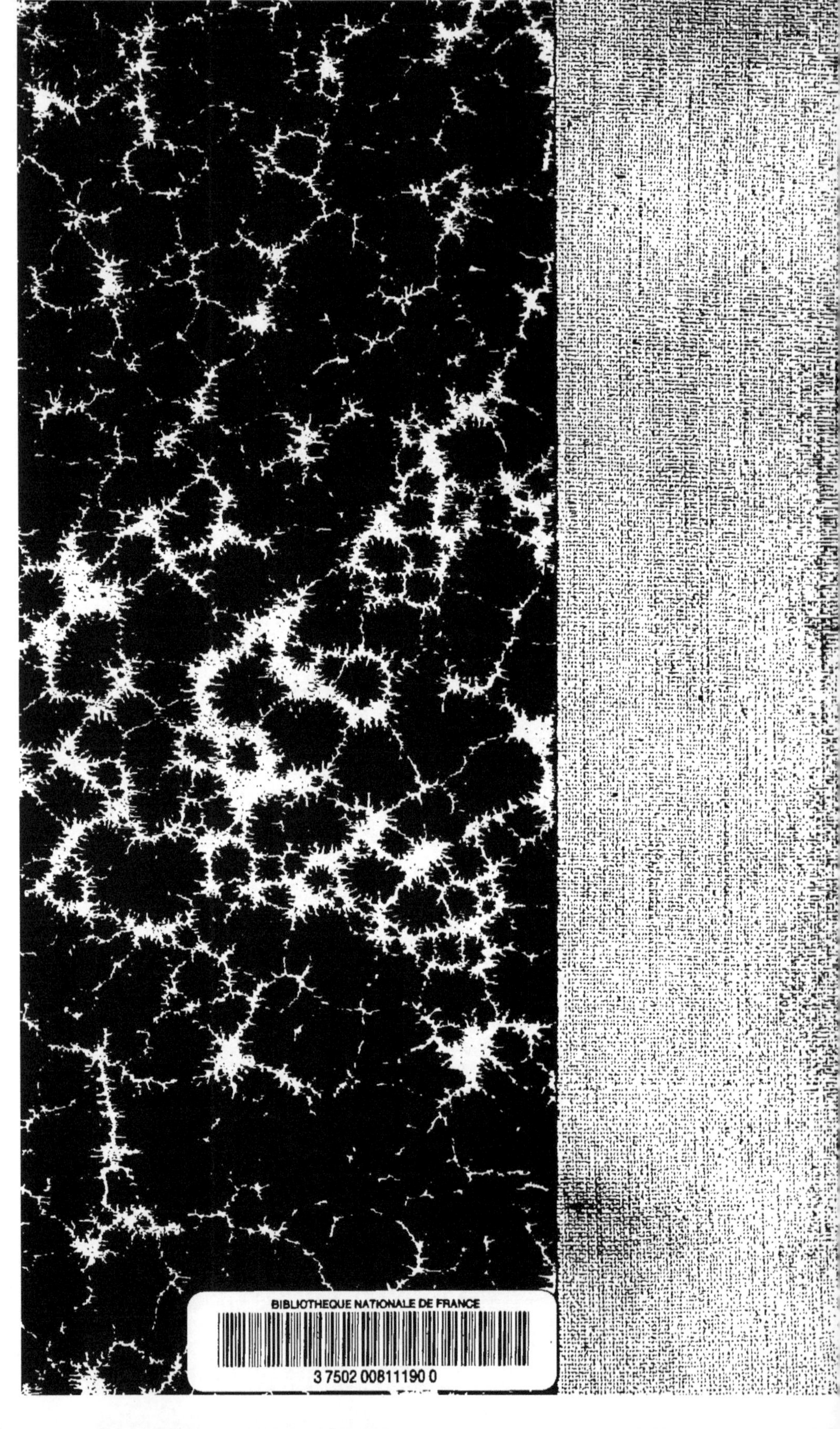

www.ingramcontent.com/pod-product-compliance
Ingram Content Group UK Ltd.
Pitfield, Milton Keynes, MK11 3LW, UK
UKHW020439200726
13857UKWH00002B/494

9 782012 95933(